河南省"十四五"普通高等教育规划教材
高等院校艺术与设计类专业"互联网+"创新规划教材

汽车色彩与面料设计

主　编　王庆斌　张　婷
副主编　孟　田　佗卫涛
　　　　王　谦　吴双全

北京大学出版社
PEKING UNIVERSITY PRESS

内容简介

本书是一本基于色彩与面料的理论知识在汽车设计领域的实践应用，将理论教学和实践教学融为一体，系统科学且特色鲜明、实践性较强的专业教材。本书针对汽车色彩与面料设计课程的学科交叉、实践性强等特点，注重拓展学生在汽车色彩与汽车面料综合交叉方面的理论知识，以提高学生汽车色彩与面料设计实践方法的创新思维与创新能力，内容包括色彩设计基础理论、汽车色彩设计、汽车内饰材料及表面处理工艺、汽车色彩与面料的设计流程、汽车色彩与面料的案例设计与分析。

本书可作为高等院校汽车设计、车辆工程、工业设计专业及产品设计专业交通工具设计方向的教材，也可作为艺术设计专业与 CMF 设计相关课程的参考资料，还可供对设计感兴趣的读者阅读。

图书在版编目（CIP）数据

汽车色彩与面料设计 / 王庆斌，张婷主编. —北京：北京大学出版社，2024.6. —ISBN 978-7-301-35130-7

Ⅰ．U462

中国国家版本馆 CIP 数据核字第 2024JT7076 号

书　　名	汽车色彩与面料设计 QICHE SECAI YU MIANLIAO SHEJI
著作责任者	王庆斌　张　婷　主编
策划编辑	孙　明　蔡华兵
责任编辑	蔡华兵
数字编辑	金常伟
标准书号	ISBN 978-7-301-35130-7
出版发行	北京大学出版社
地　　址	北京市海淀区成府路 205 号　100871
网　　址	http://www.pup.cn　新浪微博：@北京大学出版社
电子邮箱	编辑部 pup6@pup.cn　总编室 zpup@pup.cn
电　　话	邮购部 010-62752015　发行部 010-62750672　编辑部 010-62750667
印刷者	天津中印联印务有限公司
经销者	新华书店
	889 毫米 ×1194 毫米　16 开本　10.25 印张　210 千字 2024 年 6 月第 1 版　2024 年 6 月第 1 次印刷
定　　价	69.00 元

未经许可，不得以任何方式复制或抄袭本书之部分或全部内容。
版权所有，侵权必究
举报电话：010-62752024　电子邮箱：fd@pup.cn
图书如有印装质量问题，请与出版部联系，电话：010-62756370

前言

党的二十大报告指出，坚持创新在我国现代化建设全局中的核心地位，加快实施创新驱动发展战略。随着汽车产业的蓬勃发展，近几年国内自主品牌的新能源汽车发展势头强劲。汽车设计与汽车产业的发展高度关联，行业对与汽车设计相关专业人才的需求也越来越大，很多高校陆续开设了汽车设计、车辆工程、工业设计专业及产品设计专业交通工具设计方向。汽车色彩与面料设计是汽车设计、车辆工程、工业设计等相关专业领域的一门专业主干课程，也是一门新型交叉学科课程，掌握汽车色彩与面料设计更是汽车或交通工具设计师必备的专业技能。目前，与汽车色彩与面料设计相关的教材稀少，有的教材只关注汽车材料或色彩某个领域，以基础性知识介绍为主，关于汽车色彩、材料、工艺的知识内容介绍较为分散，缺乏系统的专业知识与案例分析，并且内容的时效性较弱。

本书是河南省"十四五"普通高等教育规划教材，编写团队结合多年来对CMF（Color-Material-Finishing，色彩、材质和工艺）设计、交通工具设计等课程的教学与研究，积累了大量的优秀案例与教学成果；同时，积极结合汽车行业现状，与宇通、日产、旷达等国内知名车企、汽车造型中心、材料供应商建立了长期合作关系，形成资源共享，积累了大量的实践案例。本书结合设计学科和专业的特点，根据汽车行业的变化，对教材的知识结构和内容体系进行整体规划，并融入前沿的专业知识，能更好地满足相关专业的学习要求和国家一流专业人才培养的需求。

本书的内容特点如下所列。
（1）注重内容的完整性。因为学生在学习和实践过程中接触的项目的综合性知识及交叉性知识较之以往更为复杂和全面，所以本书对汽车色彩与面料的理论知识与案例分析更加注重知识点的完整性，以解决现有教材知识点分散的问题。
（2）突出专业的实用性。本书结合相关专业学生的特点，注重知识内容的实用性，删减同类教材中较为刻板的理论知识点，将更多的内容重点放在实用的设计思维、设计方法及设计案例上。
（3）体现知识的前沿性。由于汽车设计行业发展日新月异，本书的知识点和案例更加注重学科专业的前沿性和创新性，及时融入学科领域最新成果，以使学生了解前瞻性的行业动态。

本书的教学建议如下所列。

（1）教学重点与难点。本书的教学重点是"第3章　汽车内饰材料及表面处理工艺"和"第4章　汽车色彩与面料设计流程"，让学生通过系统地学习汽车内饰常用材料与工艺的类别、特点，以及设计流程、设计主题的多元性，可提高汽车色彩与面料设计实践方法的创新能力。本书的教学难点是汽车内饰常用材料的工艺与造型的匹配，以及设计流程方法的实践应用，重点考查学生能否运用汽车色彩与面料的理论知识，通过分析用户需求、产品定位中的问题来提出解决方案。

（2）关于课题训练。本书注重课题训练的教学研究和实训作业设计，在各章的结尾部分统一安排了思考题和实践题，通过理论巩固和实践操作相互结合，可使学生及时消化所学内容。

（3）建议课时安排。本书可以安排两阶段课程教学，采取1周加2周（48学时）或2周加2周（64学时）的方式。其中，第1章、第2章、第3章为前1周（或2周）的教学内容，第4章、第5章为后2周的教学内容。这样的两阶段安排将理论知识与设计应用结合起来，相对比较灵活。

本书由河南工业大学设计艺术学院王庆斌、张婷担任主编，由河南工业大学设计艺术学院孟田、佗卫涛、王谦及旷达科技集团股份有限公司董事、总工程师兼设计总监吴双全担任副主编。具体编写分工为：第1章由王庆斌、张婷编写；第2章、第3章由张婷编写；第4章、第5章由孟田、佗卫涛、王谦编写；吴双全为本书的编写提供了大量的汽车面料、流行趋势等方面的素材。书中所使用图片多为编写团队在教学过程中指导的河南工业大学设计艺术学院产品设计专业交通工具设计方向学生的优秀作品，在此一并表示衷心的感谢！

编者从事工业设计教学与实践多年，本书试图去适应多种层次的教学要求，但由于编者水平有限，书中不妥之处在所难免，恳请相关专家、学者及广大读者提出宝贵意见。同时，编者由衷期待能够为国内应用型的汽车设计、车辆工程、工业设计、产品设计、交通工具设计方向相关课程的教学改革、教材规范等工作进行探索并贡献力量。

编　者
2024年1月

目录

第1章 色彩设计基础理论 /001

1.1 色彩文化 /002
    1.1.1 原始人的色彩崇拜 /002
    1.1.2 中国古代色彩文化 /002
    1.1.3 中国民间色彩艺术 /008
    1.1.4 外国古代色彩文化 /010

1.2 色彩体系与模式 /013
    1.2.1 色彩表示 /013
    1.2.2 色彩体系 /016
    1.2.3 色彩模式 /022
    1.2.4 色彩工具 /025

1.3 色彩知觉与功能 /031
    1.3.1 色彩知觉 /031
    1.3.2 色彩心理要素 /033
    1.3.3 色彩功能 /040

1.4 色彩形象与战略 /042
    1.4.1 色彩与销售 /042
    1.4.2 商品色彩形象 /043
    1.4.3 企业色彩形象 /044
    1.4.4 企业色彩战略 /045

1.5 配色法则 /048
    1.5.1 色彩调和 /048
    1.5.2 色彩设计步骤 /054

第2章 汽车色彩设计 /057

2.1 汽车色彩 /058
    2.1.1 汽车的分类 /058
    2.1.2 汽车色彩的定义及构成 /058
    2.1.3 汽车色彩的命名 /059
    2.1.4 汽车色彩的变迁 /061
    2.1.5 汽车色彩的趋势 /061

2.2 汽车色彩设计 /063
    2.2.1 汽车色彩设计的要求 /063
    2.2.2 汽车外饰色彩设计的原则 /063
    2.2.3 汽车内饰的色彩设计 /065
    2.2.4 汽车色彩设计的方法 /067

第3章 汽车内饰材料及表面处理工艺 /071

3.1 汽车内饰常用材料与工艺分类 /072
    3.1.1 汽车内饰及汽车内饰设计 /072

  3.1.2　汽车内饰常用材料 /072
  3.1.3　汽车内饰表面处理工艺 /083
 3.2　汽车内饰材料与工艺技术创新特点 /093
  3.2.1　装饰性 /093
  3.2.2　功能性 /094
 3.3　汽车内饰面料流行趋势与开发方向 /096
  3.3.1　汽车内饰面料的流行趋势 /096
  3.3.2　汽车内饰面料的开发方向 /100

第 4 章　汽车色彩与面料设计流程 /107

 4.1　汽车 CMF 设计 /108
  4.1.1　CMF 的概念 /108
  4.1.2　CMF 的要素解析 /108
  4.1.3　汽车 CMF 设计的基本要求 /110
  4.1.4　汽车 CMF 设计的内容 /111
 4.2　汽车色彩与面料设计流程解析 /112
  4.2.1　项目输入阶段 /113
  4.2.2　调研分析阶段 /113
  4.2.3　策略定位阶段 /118
  4.2.4　方案设计阶段 /119
  4.2.5　产品开发阶段 /124
 4.3　汽车色彩与面料设计的趋势分析与应用 /126
  4.3.1　生命有机复古美学 /126
  4.3.2　智能数字科技感与自然感知复古美学 /130
  4.3.3　汽车色彩面料设计的中式美学应用 /131
  4.3.4　科技家居感 /133
  4.3.5　矩阵化色彩 /134

第 5 章　汽车色彩与面料案例设计与分析 /135

 5.1　纳瓦拉轻奢露营皮卡 /136
 5.2　"嵩"——"零世代"个性化定制极氪 001/141
 5.3　宇通雍和旗舰版房车 /150
 5.4　宇通 C 型皮卡房车 /153

参考文献 / 封三

第1章
色彩设计基础理论

学习目标

（1）通过对色彩设计基础知识的学习，了解色彩文化，理解色彩体系与模式、色彩知觉与功能，掌握色彩搭配原理。

（2）具备色彩设计相关的理论知识，为后续章节的学习奠定认知和观念基础，为成功的汽车色彩设计提供保障。

本章要点

（1）色彩体系与模式。
（2）色彩知觉与功能。
（3）配色法则。

1.1 色彩文化

1.1.1 原始人的色彩崇拜

【原始人的色彩崇拜】

世界上大多数早期文明都崇拜红色，如山顶洞人佩戴红色的饰品，河姆渡人使用朱砂，隐秘雨林的原始部落大多有红色纹饰，红色象征着对太阳与火焰的崇拜，象征着对血液和生命的崇拜。由于对红色的火的利用，人类发明了陶器，改变了饮食习惯，这标志着人类的进步。

人类史前生活虽然没有文字记载，但从已经发现的原始人生活的遗迹中和原始人发明创造的石器、陶器和洞窟绘画中可以窥见原始色彩之一斑。例如，举世闻名的法国拉斯科洞穴壁画、西班牙阿尔塔米拉洞穴壁画等都采用矿物质、炭灰、动物血和土壤绘制出红、黑、黄褐等色彩浓重的鹿、牛、马等动物画像。

中国远古时代的色彩要追溯到考古学家在北京周口店龙骨洞穴的古文化遗址中发现的"北京人"用火烧过的黑色的烟灰，这说明距今 50 万年前中国最早的人类"北京人"已经懂得使用火种。考古学家还在周口店"山顶洞人"的古文化遗址中发现一些红色的粉末和一些捻碎粉末的工具，经过鉴定，这些红色的粉末是红色的铁矿石。这些黑色与红色的粉末的出现，说明早在远古的原始社会，人类就已经开始懂得使用黑色粉末和红色粉末来装饰、打扮自己。

新石器时代发源于黄河流域地区的仰韶文化是中国最早的重要历史文化，考古学家在河南省的渑池县仰韶村的仰韶文化遗址中发现一些彩陶是棕红色的，表面绘有黑色或深红色的图案（图 1-1）。龙山文化是晚于仰韶文化的中国又一重要的历史文化遗产。龙山文化遗址出土的陶器主要是黑色和灰色的，图案简洁，陶壁薄如壳且带有光泽，造型非常优美。

新石器时代的彩陶器和彩色纺织品等文物的出土，说明远古时期的中国传统色彩已处于萌芽阶段。

图 1-1 仰韶文化船形彩陶壶

1.1.2 中国古代色彩文化

1. 中国历朝历代的色彩与装饰

【中国古代色彩文化】

纵观中国古代历史，劳动人民创造了闻名于世界、色彩缤纷的中国丝绸，色彩艳丽、栩栩如生的敦煌莫高窟壁画，享有盛誉、色彩斑斓的唐三彩、宋瓷、明瓷、清瓷，以及丰富多彩的民族、民间服饰和工艺品。这些都是中华民族历史文化的结晶和珍宝。

（1）先秦时期。

先秦时期包括夏、商、周和春秋战国时期。

夏商灿烂的青铜文化取得巨大发展。青铜是红铜和锡的合金，因为颜色青灰，故名青铜。与红铜相比，青铜器具有许多优越性，质地坚硬，耐磨性好，韧性高，并有持久的金属光泽。青铜器制品可分成生产工具、兵器和生活用具三大类。

关于西周时期的色彩装饰技术与应用，已有文字记载，如《考工记》。西周时期奴隶制度和宗教观念非常严格，色彩装饰被用作重要的标志，规定青、赤、白、黑、黄为"五方正色"，分别表示东、南、西、北、中5个方位。这一时期的色彩风格是用一个颜色处理两个色调：一是用底纹细密与高浮雕形成对比，二是利用粗细的线条组合成明暗效果。

战国青铜器造型精致灵巧，鎏金、镶嵌、镂刻、金银错等装饰技艺广泛运用，色彩富丽堂皇，光彩夺目（图1-2）。这一时期的色彩风格是在铜器上用一色多层次表现方法，在漆器上多用红、黑、绿、朱、黄、白等色彩，另外还有金银错的处理，给人以华丽之感；在其染织上则多采用黄、赭石等色彩。

图1-2　战国错金银云纹鼎局部

（2）秦汉时期。

秦汉时期工艺美术品及绘画题材较多，有铜镜、织绣、漆器，以及瓦当、画像石、画像砖等。这一时期的漆绘色彩对比极强，乌黑发亮的底色上绘制浓厚的彩色，色彩多为红黑二色相间，或用朱、青彩绘，或用朱、金彩绘，使原来精彩的构图设计更具运动感（图1-3）。例如，西汉帛画以矿物颜色为主，重彩的画法以原色平涂为主，调和的间色不多，所以色彩对比强烈。

图1-3　西汉彩绘云凤纹漆圆盒局部

秦汉时期是中国服色发展的一个重要阶段，人们将阴阳五行思想渗入服色思想中，除了秦始皇规定的服色，一般的服色沿袭战国时期的习惯。对于男服服饰，秦始皇规定的大礼服上衣下裳同为黑色祭服，衣色以黑为最上，三品以上的官员着绿袍，一般庶人着白袍。秦始皇翦除礼学，对嫔妃的服色规定以迎合他个人喜好为主，他喜欢宫中的嫔妃穿着漂亮，以华丽为上。

这一时期的色彩风格是用较丰富、瑰丽、厚重的色彩进行设色，并运用中间色。

（3）魏晋南北朝时期。

魏晋南北朝时期盛行石雕佛像、彩塑佛像、浮雕壁画、藻井等。这一时期在整个陶瓷发展史上是一个承前启后的时期，大约可分为南方和北方两个系统。在南方，有著名的越窑、德清窑等，主要瓷器有青瓷和黑瓷，常用褐彩打破单一的青釉，使瓷器更活泼。越窑的青瓷主要偏灰绿色调、中明度及低纯度。德清窑的黑瓷主要以黑色为主，辅以陶土颜色进行点缀。在北方，瓷器从色相上来看比较丰富，既有白、淡黄、浅绿等高明度、低纯度的色彩，又有低明度、中纯度的褐色。魏晋南北朝的金银器色彩在色相上主要是纯正的金色，在明度上偏于中低明度，纯度普遍较高。

这一时期的色彩风格是用色丰富，主次分明，彩塑多以艳丽色彩为主，壁画、藻井除了运用对比手法，多用青、绿、黄等颜色（图1-4）。

染，有青、绛、黄、白、皂、紫6种，能染出各种绚丽的颜色。唐代金银器多为生活用具，主要有炉、壶、碗、盘、杯等器皿，其装饰技法多以毛雕、浅浮雕、鎏金及镶嵌等技术为主，将鲜花异兽布满于闪闪发光的质地上，绚烂富丽，光彩照人。

这一时期的色彩风格是色彩富丽浑厚，绚丽典雅，尤其是唐三彩瓷集黄、赭、绿、白或者加蓝等基本色于一体，交错融会，斑斓华丽（图1-5）。敦煌石窟，窟顶的藻井图案，不仅内容丰富，形式新颖，而且色彩斑斓调和，绚丽华美。

图1-4 敦煌石窟北魏时期藻井

图1-5 唐三彩舞乐俑局部

（4）隋唐时期。
隋唐时期经济繁荣，文化发达，工艺美术制品进一步发展成为商品，并吸收了外来的装饰风格，主要造型有日用品、工艺品、雕塑、彩塑等，而且形象写实，造型丰满，带有明显的宗教色彩。唐代的瓷窑以南方的越窑和北方的邢窑为代表。越窑以盛产青瓷著名，所产青瓷胎质坚硬，釉色莹润，纯净如翠，有类玉、似冰之誉。邢窑以烧制皎洁如玉的白瓷为主，其瓷胎质细洁，釉色白润，类银似雪，器形素光大方，不施纹饰。唐代的印

（5）五代宋元时期。
宋代是制瓷的时代，各大名窑大都以烧制日用瓷器为主，这些瓷器造型轻巧繁复，变化万千。除此之外，宋代的工艺美术、建筑等都达到了很高的水平。宋代的青瓷、白瓷及黑瓷的产地增加了，生产规模更扩大了，制作技术提高了，造型及装饰的手法更加成熟。北宋时期，北方烧造青瓷的中心在汝州（今河南汝州）。汝州曾设官府窑场，过去称为"汝窑"。汝窑瓷器胎质细润，微带红色，釉汁稠厚莹润，多豆青、虾青色，通体有细片，底有芝麻花细

小挣钉，是支烧的痕迹。北方的钧窑位于禹县（今河南禹州），其烧制的瓷器釉色变化万千，以红、蓝、紫为基础，尤以玫瑰紫、海棠红、鸡血红等多种窑变令当时其他窑口望尘莫及（图1-6）。元代的瓷器产地最重要的是南方的景德镇窑和龙泉窑。景德镇的白瓷在宋代影青的基础上又发展了一步，除了薄胎的碗盏，也烧制了厚胎白瓷，并开始利用铜料在器物表面进行红色的绘画性装饰，即后世所称的"釉里红"。利用钴蓝进行绘饰"青花"，至少在元代就已开始。元代的龙泉窑，釉色青中带绿，不再是宋代龙泉流行的粉青色。

期的五彩包括红、黄、绿、紫等釉上彩，也有多彩之意（图1-7）。属于新创的有粉彩和珐琅彩，均始于康熙、成于雍正而盛于乾隆。粉彩一般将玻璃白调入彩料，呈不透明色，柔媚鲜艳，类似清代花鸟画家恽寿平所创花鸟画派的工笔画。珐琅彩是将珐琅料绘在瓷胎上，烘烧而成，由皇室独享。康熙时期的单色釉瓷，色彩丰富艳美，为前所未有，如豇豆红、胭脂水、珊瑚红、豆绿、翠绿、鹦鹉绿、蟹壳青、茶叶末等几十种新釉色。

图1-6　北宋钧窑十瓣花口笔洗

图1-7　嘉靖五彩鱼藻纹罐

这一时期的色彩风格是：宋代有窑变、珍珠地、天青、影青、黑釉、绘花、色釉等丰富多彩，色彩趋向雅致、清秀，格调较高；元代瓷器以青花、釉里红为主要色彩品种，其他工艺品设色浓郁，重彩较多，常用宝蓝、大红、黄、金、银等色彩。

(6) 明清时期。

明初永乐、宣德年间，青花、釉里红等瓷器已达顶峰。永乐宝石红、甜白，宣德宝石蓝，都是永、宣两朝瓷器获得巨大进步的标志。青花瓷质细而坚，釉肥腻而色幽雅，斗彩的烧成标志着景德镇窑彩绘瓷进入釉上彩的新时代，但仍离不开釉下青花的配合。嘉靖时

明代景泰蓝（即掐丝珐琅）工艺主要用于掐丝珐琅器，以掐丝短促放纵、釉色鲜艳热烈为特色。

明清时期的苏州织锦，图案多仿宋代锦纹，格调秀丽古雅，也称宋锦。例如江宁织锦，质地厚重，以金丝勾边，彩色富丽，气势阔绰，采用由浅至深的退晕配色方法，犹如绚丽的云霞，故有云锦之誉。清代织锦，花纹更加繁缛精美，配色更趋富丽隽雅，退晕更迭、变化无穷，显得更加辉艳而又和谐。

在清代手工业中，以丝织、陶瓷最为发达，

同时随着商品经济的发展，漆器、家具、玉器、金属、骨、木、竹等工艺品也空前兴起。

这一时期的色彩风格是清爽秀丽，以浅色为组合，主次分明，出现用侧面光和高光的处理方法。而且，青花、五彩是陶瓷的主要装饰方法。尤其在晚清，装饰烦琐，施以五颜六色，层次较乱。

2. 五行思想

五行思想起源于原始宗教崇拜，"五行"即木、火、土、金、水5种基本物质元素的运动变化。古人一般用人们日常生活中最熟悉的木、火、土、金、水5种物质为代表来归属事物的属性，并以五者之间相互滋生、相互制约的关系来论述和推演事物之间的相互关系及其复杂的运动变化规律。

战国时期，思想文化学术的氛围活跃，给五行学说的发展提供了良机，五行观念逐渐扩展渗透到社会生活的各个方面。人们以经验为依据，以观象取类为方法，用五行思想对客观世界和人类社会的复杂内容进行整理，建立起一个似是而非的五行大系统，其中以《吕氏春秋》中的表述最为典型（表1-1）。

秦汉时期，五行系统又有了新的发展，从取法于自然社会转向取法于诸身，将人体的各部分器官、心理情感、生理功能与五行对应，其中以《黄帝内经》中的表述最为典型（表1-2）。

表1-1 《吕氏春秋》中表述的五行系统

五行对应物	木	火	土	金	水
五星	木星	火星	土星	金星	水星
五时	春	夏	季夏	秋	冬
五方	东	南	中	西	北
五色	青	赤	黄	白	黑
五声	角	徵	宫	商	羽
五帝	太昊	炎帝	黄帝	少昊	颛顼
五兽	青龙	朱雀	黄龙	白虎	玄武
五味	酸	苦	甘	辛	咸

表1-2 《黄帝内经》中表述的五行系统

五行对应物	木	火	土	金	水
五气	风	暑	湿	燥	寒
五时	平旦	日中	日西	日入	夜半
五应	生	长	化	收	藏
五脏	肝	心	脾	肺	肾
五腑	胆	小肠	胃	大肠	膀胱
五体	筋	脉	肉	皮毛	骨
五官	目	舌	口	鼻	耳
五志	怒	喜	忧	悲	恐
五脉	弦	洪	濡	浮	沉
五声	呼	笑	歌	哭	呻
五谷	麦	菽	稷	麻	黍

3. 五色

古代中国的"五色论"建立于五行学说的哲学基点,并与"五方"(青色—东方、赤色—南方、黄色—中央、白色—西方、黑色—北方)联系在一起,充满着唯心主义、形而上学的观点,为统治阶级服务。

五行与五方五色的对应(图1-8)为:春木东方,春天万木争荣,一片新绿,故木的颜色为青,太阳从东方升起,温暖由此而来,故木性温;夏火南方,南方天气炎热,骄阳艳艳,故火的颜色为赤,火性为热;秋金西方,西方太阳西沉,阴气始生,万木霜天,故金色白,其性凉;冬水北方,寒气从北方而来,水严峻深刻,故水色黑,水性寒;在五行中,土位于中央,统御四季四方,地位最尊贵,土色黄,其性平和。

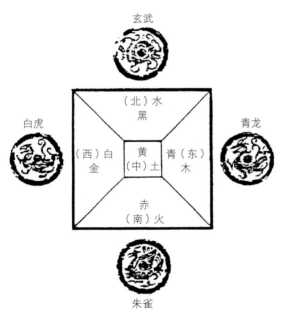

图1-8 五行五方五色

明确把颜色跟五行相结合的书籍是《逸周书》,该书中记载"五行:一,黑位水;二,赤位火;三,苍位木;四,白位金;五,黄位土"。

中国在2000多年前就建立了色彩体系——五色体系,早于西方,如《尚书》中记载"采者,青、黄、赤、白、黑也;言施于缯帛也"。

西周时期,人们就已经提出了"正色"和"间色"的色彩概念。南朝梁皇侃《论语义疏》中有云:"正谓青、赤、黄、白、黑,五方正色也。不正谓五方间色也,绿、红、碧、紫、骊黄是也。"间色是指正色相混的结果,"青黄之间谓绿,赤白之间谓红,青白之间谓碧,赤黑之间谓紫,黄黑之间谓骊黄"。五色之所以被定为正色,并象征尊贵和权威,显然是古人从色彩混合实践中发现五色是色彩最基本的元素,是最纯正的颜色,任何色彩相混都不可能得到五色,而五色相混却能得到丰富的间色。正色的发现,正间色的区分,不仅可以服务于奴隶主阶级礼制,而且揭示了色彩科学的基本规律,并奠定了中国古代五色体系和美学思想的基础。

4. 儒家色彩观

以孔孟为代表的儒家"祖述尧舜,宪章(效法)文武",崇尚"礼乐"和"仁义",提倡"忠恕"和不偏不倚的"中庸之道",政治上主张"德治"和"仁治",重视伦理道德。儒家色彩观念强调"礼"的规范和"仁"的意义,极力维护周时建立的色彩典章制度,把五色定为正色,把其他色定为间色,并赋予其尊卑、贵贱等级的象征意义,分别代表君臣民上下关系,认为色彩装饰不可混淆,更不可颠倒。

儒家不仅赋予色彩社会伦理道德的意义,而且肯定了色彩的美学价值。孟子云:"目之于色,有同美焉。"从儒家色彩的观念看来,色彩之所以美,是因为色彩的装饰必须暗示人的美德,从色彩的装饰中发现人的高尚人格。儒家的这种类比思维方式在中国色彩艺术史上无疑有很大的影响。例如我国戏剧脸谱色彩斑斓，不同色彩的化妆有其特定的寓意，暗示不同人物的性格特征和品德，一般来说，红色描绘人物的赤胆忠心，义勇无比；紫色象征人物的智勇刚义；黑色体现人物富有忠诚耿直的高贵品格；水白色暗喻人物生性奸诈、手段狠毒的可憎面目；油白色表现人物的自负跋扈的性格；蓝色寓意人物的刚强勇猛；绿色勾画出人物的侠骨义肠；黄色喻示人物的残暴；老红色多表现人物的德高望重的忠勇老将；瓦灰色喻示老年枭雄；金、银二色则多用于神、佛、鬼怪，以示其金面金身，象征虚幻之感。

儒家"比德"思想直接影响东方民族的色彩观念，如中华民族崇尚红色，因为红色象征喜庆、吉祥、庄严。因此，孔子在色彩美学观上就不是单纯强调某一种颜色，而是在五色及五色相生的间色之中求统一，在色彩关系间求和谐。无论多么斑斓的色彩，只有合乎"礼"之规定而达到和谐、纯净的程度才算真美。儒家色彩观对民族色彩心理结构的形成产生了重大的影响，和谐、纯正之色彩既是维护社会秩序的一个标志，又是儒学"比德"以求君子正颜色、正衣冠的伦理要求的体现。

5. 道家色彩观

道家思想以老庄的自然天道观为主体，政治上主张"无为而治"，伦理上主张"绝仁弃义"，思想行为上强调应效法道的"生而不有；为而不恃；长而不宰"。老子用"道"说明宇宙万物的演变规律："人法地，地法天，天法道，道法自然。"

道家在物质生活上强调"寡欲"和淡泊无为的思想，所以道家"无色而五色成焉""澹然无极而众美从之"的色彩主张体现在艺术上，就是追求无色之美，以无美之感为最美。道家崇尚黑色，认为黑色是高居于其他一切色之上的色彩。

老子的"知其白，守其黑，为天下式"所说的黑白不是五色中作为宇宙基本元素的黑白，而是素淡的"道"之"虚空"本色，而"道"不是固着的实体，是惟恍惟惚的动态"虚空"，因此黑白就是在这个动态的虚空中的具体呈现，也指黑白中蕴含无限的色彩。故而老子所说"玄之又玄，众妙之门"中的"玄"即深黑色，有变化之意。由此可见，老子的色彩观不在于求取自然界色彩的华丽，而是返璞归真，倡导素朴之美。

中国文人画的色彩主张更受道家色彩观念的影响。由于文人画家大都政治失意，逃避社会现实，有的干脆学道参禅，避居山林，超然物外，对墨色更为崇拜，主张"墨分五色""不施丹青，光彩照人"，运用墨色之变化，强调神韵；用墨"写胸中逸气"，追求以墨造型，达到舍形而悦影、舍质而趋灵的艺术境界。

1.1.3　中国民间色彩艺术

中国民间色彩的审美特征与宫廷士大夫色彩的审美特征有着明显的区别。中国民间色彩鲜明强烈，热情奔放，明快大方，大胆夸张，追求幸福生活，憧憬美好未来，以淳朴为美。不同的阶级有着不同的色彩语言、品格和构成形式，还有着根本不同的色彩审美情趣、审美标准、审美理想和审美价值观。

【中国民间色彩艺术】

民间色彩艺术广泛流传于人民群众之中，具有鲜明的民族风格和地方特色，其中蕴含着民族的心理和民族的精神。中国56个民族，由于各民族人民的生活方式、历史文化、风俗习惯、宗教信仰及自然环境不同，形成的色彩艺术风格特色和审美观念也不一样。例如，汉族喜爱红、黄等，蒙古族喜爱白、蓝、青、绿等，回族喜爱白、绿、黑、红等。

虽然各个民族的色彩喜爱有所差别，但异中有同。中国民间色彩艺术从总体上讲多用红、绿、黄、紫、蓝、青、桃红、黑、白等纯色，色彩鲜明，富于装饰性，是东方色彩艺术的典范。

中国民间色彩本能地使用色相对比，构筑出绚丽、丰富的色彩乐章，最具典型特征的是民间年画、民间彩塑、戏曲人物造型。例如，陕西年画中的门神最为出名，大红、桃红、黄、绿、黑五色是最常使用的颜色（图1-9），其绘制粗犷，风格豪爽、明快、洒脱。另外，还有一些华美的刺绣、服饰和民间泥玩具，都可以证明人们自古便有对色相对比效果的喜爱。我们所熟知的民间泥玩具一般采用黑底上绘制红、黄、白、绿等纯度较高，面积较小，又极其饱满的色彩，与底色形成强烈鲜明的对比，使红色更艳、绿色更鲜、白色更亮（图1-10）。在建筑、织绣图案和其他民间艺术的配色中，人们更是积累了使用高纯度的色相对比经验。由于色相对比在绘制中颜料之间很少混合发生化学作用，故人类历史上保存年代最久远的绘画作品基本都是色相对比结构。例如，我国1500多年前绘制的敦煌壁画、永乐宫壁画，其鲜明饱满的色彩和视觉心理效果，无不令所有驻足于前的观者对色相对比所产生的永恒的色彩魅力叹为观止。

图1-9　陕西凤翔年画局部

图1-10　泥泥狗

中国民间色彩在讲究色相对比的同时也讲究色彩的冷暖对比、补色对比、纯度对比、面积对比。其中，冷暖对比是对人的感情产生最大影响力的色彩对比。由于民间大众对热闹、红火、喜庆气氛的积极追求，冷暖对比所产生的丰富色调风格恰好满足了他们的情感需求。例如"青紫不并列，黄白不随肩。""红搭绿，一块玉。""紫是骨头绿是筋，配上红黄色更新。"这些民间口诀中既有红与绿的冷暖对比，又有红与黄的邻近色对比。其中，紫绿为冷色，具有沉静和后退感，而红黄为暖色，具有跳跃和前进感。由于民间美术的整个情调是开朗乐观的，表现在色彩上便是鲜明、响亮、火辣辣的，为了夸张地突出其美艳、艳丽、鲜明、丰满，补色对比常常成为人们的首选。民间有诀曰："黄马紫鞍配""红马绿鞍配""黄身紫花，绿眉红嘴，显得鲜明。"俗语也有"红花要靠绿叶扶""红离了绿不显，紫离了黄不显"的说法。这些平易、朴实，在民间广为流传的设色口诀，虽然不是来自高深的色彩理论和色彩实验，但都恰当地表达了民间审美思想和传统文化观念。人们在追求丰富的色彩的同时，又极其讲究色彩的冷暖对比、补色对比所表达的色彩心理情感效应。

色彩的面积对比所起到最直接的作用是控制色彩的视觉平衡。在一件具体的艺术作品中，由于色彩面积的大小、集中与分散，形成了色彩面积的节奏。大多数色彩面积的对比使用了一块占主体地位的色彩来确定画面的基调，以小面积的色块形成对抗、反衬、呼应的色彩面积关系。例如，红色在中国民间与吉祥、热闹、喜庆是分不开的，大面积的红色与其他色彩的配合在不同场合的应用为人们所熟悉。一张红底色的纸配以黑色方正遒劲的毛笔字，可以作为过年的对联，占主体地位的红底色透出的喜气配合字体的黑色疏密有致地穿插构成了独具中华特色的黑红色系经典搭配。

1.1.4 外国古代色彩文化

1. 古埃及色彩

古埃及色彩明快，色调以暖色为主，常用赤、黄、绿、青、褐、白、黑等，单色勾线平涂。男子的肤色以褐色为主，女子的肤色作浅褐色或淡黄色，头发作蓝黑色，眼圈作黑色，树木作绿色，草作浅绿色，谷物作黄色，而且色彩装饰风格独特，对后世的装饰艺术有很大的影响。

【外国古代色彩文化】

在古埃及的工艺美术中，石雕、木雕、陶器及金属工艺、染织工艺相当发达。其中，陶器施釉方法的使用在古埃及出现很早，釉的颜色已有青色和绿色，彩陶纹样则以几何纹样和莲花纹为主，人和动物装饰纹样也已出现。古埃及在染织方面的成就，可以从发掘的亚麻布中得到佐证。金属宝石精细工艺在古埃及已经非常发达，从法老陵墓中发现的大量金银宝石镶嵌、象牙雕刻、彩绘浮雕等装饰艺术品金银色的应用中，可以看出其装饰色彩非常豪华高贵。

2. 古希腊色彩

古希腊文明在人类文明史中占有重要的地位，被誉为欧洲文化的摇篮。雅典帕特农神庙是一座雄伟高大、庄严和谐的建筑物，整座神庙用十分昂贵的纯白色大理石为材料，并以大量的镀金青铜作装饰。它采用围柱式结构，黄金分割比例，东西两侧各8根主柱，南北两翼各17根立柱，纯白色的柱石群配有红、蓝和金色的二方连续图案，显得十分光彩夺目。

古希腊瓶画在古希腊艺术史上占有重要的地位，公元前6世纪中期以后，逐渐形成两种瓶画样式——黑绘和红绘（图1-11）。凡在以红或淡黄色为底色的陶瓶上用黑色釉料填绘纹样，再用刀或细棍划出形体轮廓线的称为"黑绘"；与之相反，凡在以黑色为底色的瓶上用笔画出棕色纹样的称为"红绘"。古希腊瓶画风格多样，想象力极为丰富。

3. 古罗马色彩

古罗马文明与古希腊文明一脉相承，它是在继承和发展古希腊文明的基础上建立起来的。

图1-11 古希腊瓶画黑绘和红绘

古罗马的彩色壁画人物造型比例正确，体态生动，设色仍是单线平涂的调和色调，与古埃及装饰壁画颇为相似，装饰纹样却与古希腊作品有雷同之处，但使用的颜料比古希腊丰富，有土黄、灰黄色、胭脂色、淡红、红褐色、朱红、灰绿、蓝绿、深蓝、白色、乳白、黑、金等色。多种色彩的装饰，使古罗马彩色壁画画面更加绚丽灿烂，光彩夺目。

4．欧洲中世纪色彩
(1) 拜占庭色彩装饰。
拜占庭风格是4世纪至15世纪在以君士坦丁堡（即古希腊城市拜占庭）为中心的拜占庭帝国（即东罗马帝国）兴起和流行的艺术风格，所反映的内容多为崇拜帝王和宣扬基督教神学。例如，圣索菲亚教堂的中央圆顶形式的结构及其内部金碧辉煌的装饰，反映了政教结合的精神统治的权威。墩子和墙上全用白、绿、黑、红等彩色大理石贴面，并组成各种图案。柱子大多为深绿色，少数为深红色，柱头一律用白色大理石镶金箔，柱头、柱基和柱身的交接线都用包金的铜箍镶饰。穹顶和拱顶全用彩色玻璃与马赛克在金色底子或蓝色底子上嵌出各种圣经故事和使徒传记，地面用马赛克镶嵌成各种图案。整座教堂各种色彩交相辉映，十分华丽。

(2) 哥特式色彩装饰。
哥特式艺术是在公元12世纪末叶首先在法国流行，随后波及全欧的一种建筑形式，这种建筑物内部装饰的一大特点是墙小窗大，窗子全用彩色玻璃镶嵌成，图画题材为宗教内容（图1-12）。12世纪的彩色玻璃画以蓝色为主调，颜色有9种，色调浓重幽暗，之后转变为以深红色和紫色为主调，然后转变为更为富丽而明亮的色调。到了13世纪，彩色玻璃画的颜色已达到20多种，色调变化丰富。哥特式彩色玻璃窗装饰以法国的巴黎圣母院、夏特尔教堂、兰斯教堂和亚眠教堂最为著名，还有德国的科隆大教堂、英国的林肯大教堂、意大利的米兰大教堂。

(3) 文艺复兴色彩。
文艺复兴运动是指14世纪下半叶到16世纪首先在意大利开始兴起，然后迅速遍及整个欧洲的新文化运动。当时，解放思想、崇尚科学、主张个性自由的人文主义思潮使中世纪的禁欲主义和宗教观念受到极大的冲击。文艺复兴时期作品的色彩运用，无论绘画色彩还是装饰色彩的色调，都打破了中世纪单一的沉闷晦暗的传统而趋于丰富的明朗自由的风格。砂黄、红色、蓝色是文艺复兴最典型的代表色。

图1-12 哥特式教堂

(4) 巴洛克色彩。

意大利文艺复兴之后出现了巴洛克艺术风格。所谓"巴洛克",原意为畸形的珍珠,从16世纪到17世纪,衍义为拙劣、虚伪、矫揉造作或风格卑下,文理不通。18世纪中叶,一些古典主义理论家带着轻蔑的口吻称17世纪的意大利建筑为巴洛克。巴洛克艺术风格一反文艺复兴时期的严肃宏大、含蓄庄重,其典型代表建筑的天主教堂璀璨缤纷,色彩装饰富丽堂皇,过分豪华气派,显得奢侈浮夸。人们用大量的金银珠宝装饰炫耀上帝和君主的荣华富贵,"上帝之光"变成黄金之色,君主装饰于金光之中被视为上帝在人间的象征。红色和青色在这个时代为胭脂色和蓝色所替代,文艺复兴时期的严肃、含蓄、和谐、明快、轻松的色彩装饰风格被远远抛弃。

(5) 洛可可色彩。

法国在古典主义艺术之后出现了洛可可艺术,也称"路易十五式",是法国国王路易十五统治时期所崇尚的艺术风格,盛行于18世纪前半叶的欧洲。这一时期,统治阶级追求奢侈的生活享受,艺术成为一种消遣品,表现出一种优美俏丽而轻巧的审美趣味。洛可可艺术明显的特征是外形华丽、纤细、轻巧,装饰工艺精巧奇特,甚至显得烦琐。它又以有意不对称见长,以复杂的曲线著称,喜用"C"形、"S"形或涡形曲线,色彩装饰轻淡柔和。这种造型生动流畅、优雅雕琢、装饰色彩淡雅的艺术趣味和格调也影响了家具和工艺品的设计装饰(图1-13)。洛可可时代崇尚女性喜欢的色彩,淡紫、淡红、淡黄、淡绿等浅色系列是女性服饰中最受欢迎的色彩。相传路易十五的宠妃特别喜爱蔷薇花,因此柔和纯净的蔷薇色(浅玫瑰色)在当时十分流行。

图1-13 洛可可室内装饰

1.2 色彩体系与模式

1.2.1 色彩表示

哲学家路德维希·维特根斯坦（Ludwig Wittgenstein）在他的《论颜色》中说，颜色不只是一种天然的认识，更是一种语言，一套含义丰富的符号系统。颜色都是很普通的，但被赋予某种含义时，意义就不一样了。

1. 自然表示法

以自然景色命名的色彩：天蓝、湖蓝、海蓝、曙红、雪青、土黄、土红、翠绿等。

以金属矿物质命名的色彩：金黄、银灰、古铜色、铁灰、铁锈红、石绿、石青、宝石蓝、宝石绿、翡翠、钴蓝、赭石、铬黄、煤黑等。

以植物命名的色彩：草绿、茶绿、橄榄绿、柠檬黄、橘黄、杏黄、米黄、紫藤、栗色、咖啡色、茶色、橘红、橙红等。

以动物命名的色彩：孔雀绿、猩红、象牙白、蛋黄、蛋青、鼠灰、驼灰、鹰灰等。

以蓝色为例，钴蓝色（Cobalt Blue）由矿物颜料钴而来，用来指明亮的蓝色，在很多领域广泛使用，是强烈鲜明的标准蓝色（图1-14）；天蓝色（Sky Blue）是明度较高的蓝色，广泛用于表述明亮的蓝色，是接近天空的蓝（图1-15）；靛蓝色（Indigo）由一种生长在中国和印度的槐蓝属植物而来，在染蓝色时广泛使用，以前根据染色程度的不同可以表现多种多样的蓝色，现在主要用来指称深蓝色（图1-16）；宝贝蓝（Baby Blue）是在幼儿产品中经常使用的粉嫩蓝色（图1-17）。

图1-14　钴蓝色

图1-15　天蓝色

图1-16　靛蓝色

图1-17　宝贝蓝

2. 系统化表示法

自然色表示法只能表达色彩的一般性质，精确度较低。系统化色命名法则在色相加修饰语的基础上，又加上了明度和纯度的修饰语，从而能够比较精确地形容该颜色的形象。例如红色系，包括黄味红、淡黄味红、极淡黄味红、明灰黄味红、灰黄味红、暗灰黄味红、极暗黄味红、浊黄味红、鲜黄味红等色名。这些颜色名称标定系统虽然精确程度仍然不是很高，但在一般场合下使用，具有一定的实用价值。

3. 色相

色彩是物体上的物理性的光反射到人眼视神经上所产生的感觉。色的不同是由光的波长的长短差别决定的（图 1-18）。色相是指色彩的相貌，确切地说是根据波长来划分的色光的相貌。波长最长的是红色，最短的是紫色。色相是三要素中最能表现色彩本质特点的要素，是每一种色彩所独有的，并与其他色彩在品质上有不同的相貌特征，如红、橙、黄、绿、青、紫 6 种标准色各有各的相貌。

在诸多色相中，红、黄、绿、蓝、紫 5 个色相是具有基本感觉的色相。为了色彩研究的方便，以这 5 个基本色相为基础，在紫色与红色之间加入红紫色作为过渡，就可以围成一个环，称为色相环。以主要色相为基础，进而分别加入各中间色，就可获得 10 色色

图 1-19　12 色色相环

相环、12 色色相环（图 1-19）、24 色色相环……100 色色相环等。在色相环上排列的色是纯度高的色，被称为纯色。这些色在色相环上的位置是根据视觉和感觉的相等间隔来进行安排的。用类似的方法还可以分出差别细微的多种色来。在色相环上，与环中心对称，并在 180°的位置两端的色被称为互补色。

4. 明度

明度是指色彩的深浅或明暗程度。明度的大小主要取决于物体表面对光线反射率的大小。同一色别会因受光强弱的不同而产生不同的明度，人眼对不同颜色的视觉灵敏度不同，不同色别在反光率相同时，也会产生不同的明度感受。

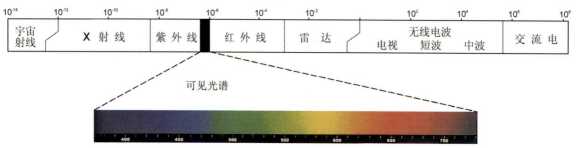

图 1-18　可见光谱

明度有两方面的含义：一是指不同色彩相比较的明亮程度，如在红、橙、黄、绿、青、蓝、紫中，黄色的明度最高，红色和绿色次之，紫色最低（图1-20）；二是指各种色彩本身的明亮程度，如蓝色有深蓝、暗蓝、灰蓝、浅蓝、淡蓝等不同明度的变化（图2-21）。

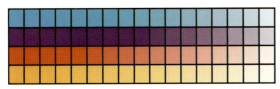

图1-20　不同色相的明度变化

图1-21　同一色相的明度变化

5. 纯度

纯度是指色彩的鲜艳程度。纯度描述色相纯净的程度，纯度越高，色相表现越明显，色彩就越鲜艳、强烈、活跃、刺激；纯度越低，色相表现越模糊，色彩就越浑浊、稳重、平淡、柔和（图1-22）。

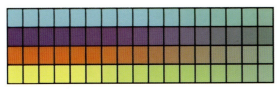

图1-22　不同色相的纯度变化

色相环上的色彩都是纯色，是光谱中各种单一波长的色光的色彩，未经任何混合，所以纯度最高，一般称为极限纯色。也就是说，该色相的色彩达到最大的饱和度。

如果在这些不同的色相纯色中逐渐加入白或黑，会产生色彩的浓淡变化，不仅会逐渐提高或降低它的明度，而且会逐渐降低它的纯度（图1-23）。

图1-23　单一色相的纯度变化

物体色彩的纯度，不仅与色料本身纯净度有关，而且与物体的表面肌理有关。粗糙的表面使反射光呈漫反射，将降低色彩的纯度；光滑的表面使反射呈单向反射，如果对着反射光观察，色彩亮得耀眼，如果从其他方向观察，反射光很少，因而色彩纯度相对较高。

6. 色立体

为了研究与应用色彩，人们将千变万化的色彩按照它们各自的特性，按一定的规律和秩序排列，并加以命名，这称为色彩的体系。色彩体系的建立，对于研究色彩的标准化、科学化、系统化及实际应用都具有重要价值，它可使人们更清楚、更准确地理解色彩，更确切地把握色彩的分类和组织。具体地说，色彩的体系就是将色彩按照三属性，有秩序地进行整理、分类而组成有系统的色彩体系。这种系统的体系如果借助三维空间形式，来同时体现色彩的明度、色相、纯度之间的关系，就被称为色立体。

色彩的三属性系统排列组成色立体（图1-24、图1-25），其中心轴表示明度等级，周围有色相环，连接周围和中心的水平线表示纯度。这个色立体包含所有的颜色。沿非彩色轴纵切色立体所得断面表示互为补色的两个色相，外侧清色，内侧浊色。断面上部有明度高的色，下部有明度低的色。这些颜色越近外侧，纯度越高。

比较通用的色立体有3种：孟塞尔色立体、

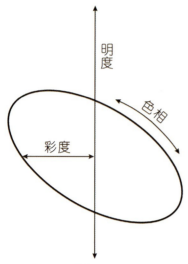

图1-24 三属性的关系

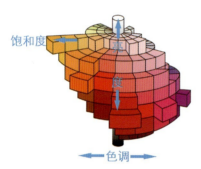

图1-25 色立体

奥斯特瓦尔德色立体、日本色彩研究所色立体（详见1.2.2节介绍）。其中应用得最广泛的是孟塞尔色立体，常用的图像编辑软件颜色处理部分大多源自孟塞尔色立体的标准。孟塞尔色立体为球形，奥斯特瓦尔德色立体为两圆锥重叠的算珠形，日本色彩研究所色立体为椭圆形。

色立体的具体应用领域如下所列。

（1）色彩教育。标准化的色彩空间及其概念的建立非常重要，可使人们形象地理解色彩及其关系，使色彩的概念明确。

（2）色彩的信息传达。人们对色彩的感受是具体、主观的，凭借一种共识的符号进行交流。作为商业情报，流行色的发展趋势及与色彩相关的工业等对色彩信息要求很高。作为颜色的交流工具，标准色谱及标号系统有不可替代的优势。

（3）测试度量颜色。色立体可应用于颜色的测量和计算。标准的颜色色谱标识系统可作为衡量的尺度，测定和度量任何零乱的颜色，并了解其色度性质，如产品的颜色品质监控等。

（4）开发色彩设计的工具。在当今和未来的产品设计领域，对产品色彩设计的要求可能成为决定产品市场命运的重要因素，秩序化、系列化逐渐替代单一、无规律的产品设计和生产。颜色的标准化成为连接设计和生产之间的纽带。标准化的存在，有助于为设计师开发各种便于工作的工具，如有系统信息的配色工具，各类应用色谱，色卡及配套颜料、彩色笔等。

（5）色料工业生产与管理。颜色标准化的建立，使色料工业如颜料、染料、油墨、涂料等领域生产变得系统化、标准化。

1.2.2 色彩体系

人们对色彩的描述和认知是感性的，色彩体系是对色彩理性的探索。在色彩的运用与色彩管理中，建立体系作为共同语言能帮助我们进行准确的色彩信息交流。简单来讲，各大色彩体系都是人们为追求对颜色的正确表达，所形成的整理色彩和表达色彩的方法。

1. 孟塞尔色彩体系

这个色彩体系是美国教育家、色彩学家、美术家孟塞尔（A.H.Munsell）创立的色彩表示法。孟塞尔所创建的颜色系统是用颜色立体模型表示颜色的方法。它是一个三维类似球体的空间模型，把物体各种表面色的3种基本属性色相、明度、饱和度全部表示出来（图1-26）。它以颜色的视觉特性来制定颜色分类和标定系统，根据目视色彩感觉等间隔的方式，把各种表面色的特征表示出来。国际上已广泛采用孟塞尔色彩体系作为分类和标定表面色的方法。

图1-26　孟塞尔色立体

孟塞尔色彩体系的表示法以色彩的三要素为基础。色相为Hue，简写为H；明度为Value，简写为V；纯度为Chroma，简写为C。孟塞尔色彩体系的表示符号为H·V/C，即色相·明度/纯度。

在孟塞尔色彩体系中，中央轴代表无彩色黑白系列中性色的明度等级，由从黑到白中间排列9个不同等级的渐变灰色色阶组成，黑色在底部，白色在顶部，称为孟塞尔明度值。它将理想白色定为10，将理想黑色定为0。孟塞尔明度值有0～10，共分为11个在视觉上等距离的等级。

在孟塞尔色彩体系中，颜色样品离开中央轴的水平距离代表饱和度的变化，称为孟塞尔彩度。孟塞尔彩度也分成许多视觉上相等的等级。中央轴上的中性色彩度为0，用渐增的等间隔色感来区分色，离开中央轴越远，

彩度数值越大，色彩纯度就越高。该体系通常以每两个彩度等级为间隔制作一件颜色样品。各种颜色的最大彩度是不相同的，个别颜色彩度可达到20（图1-27）。

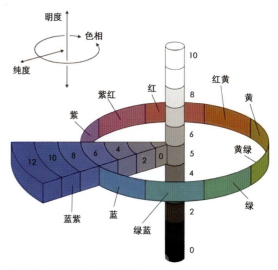

图1-27　孟塞尔色立体剖面图

环绕在明度轴周围的色彩以黄(Y)、红(R)、绿(G)、蓝(B)、紫(P)这5种色为基础色相，再加上它们的中间色相橙(YR)、黄绿(GY)、蓝绿(DG)、蓝紫(PB)、红紫(RP)，展开成10个渐次变化的色相，排列顺序为顺时针。再把每一个色相详细分为10等份，以各色相中央第5号为各色相代表，共有100个不同色相，环成一个球状体，而每个色相的第5号即5R、5Y……是色相代表（图2-28）。例如，5R为红，5YB为橙，5Y为黄等，在色相环上相对的两色相为互补关系。

2. 奥斯特瓦尔德色彩体系
奥斯特瓦尔德色彩体系由德国化学家奥斯特瓦尔德（W.Ostwald）创造，全部色都由纯度与适量的白、黑混合而成，具有纯色量＋白色量＋黑色量＝100%的关系。

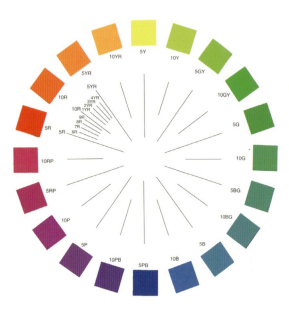

图1-28 孟塞尔色相环

奥斯特瓦尔德色彩体系以黄、橙、红、紫、蓝、蓝绿、绿、黄绿8色为主色相，每个色相展开3个色相，形成24色色相环。从1号柠檬黄到达24号黄绿，环绕在无彩色相明度轴周围。相对呈180°角的两个色相为互补色（图1-29）。

在奥斯特瓦尔德色彩体系中，无彩色明度轴仍是纵轴，白在上，黑在下，共分8个明度阶段，用a、c、e、g、i、l、n、p为记号。a代表最亮的白，奥斯特瓦尔德认为没有100%的白。因此，它的最白的a内包含11%的黑，而最黑的p内包含3.5%的白。其间有6个阶段的灰色。以此轴为边，做成正三角形的色相面，在顶点放置各色的纯色色标，成为等色相的三角形，环绕在无彩轴而成为复圆锥体奥斯特瓦尔德色立体（图1-30）。

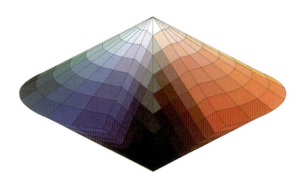

图1-30 奥斯特瓦尔德色立体

奥斯特瓦尔德色彩体系的表示方法：第一个字母表示色相，第二字母表示含白量，第三个字母表示含黑量。"100%－含白量－含黑量"就是该色的纯色量。例如，14ph是指色相为14的蓝，白量为p是3.5%，黑色量为h是94.4%，蓝的色量是100%-3.5%-94.4%＝2.1%为深藏青色（图1-31）。

3. 自然颜色系统

自然颜色系统（Natural Color System）缩写为NCS，简称自然色系统或自然色系，由瑞典物理学家约翰森（Johansson）于1979年提出。自然颜色系统为具有正常颜色视觉的人提供一种判定颜色的方法，是一种不需要用测色仪器，也不必经过色样比较，而是基于颜色知觉对颜色进行度量的方法。NCS是瑞典的国家标准，也是欧洲运用较广的颜色体系，更是国际通用的颜色交流语言。NCS

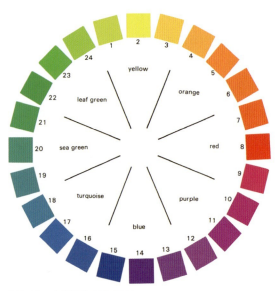

图1-29 奥斯瓦尔德色相环

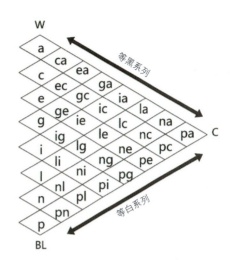

图 1-31　奥斯特瓦尔德色立体表色法

的适用对象涵盖了世界各地的建筑师、设计师、材料生产商、色彩行业、产品制造商和零售商，如 IKEA（宜家）、Ferrari（法拉利）就是运用 NCS 做设计配色的。NCS 颜色多，对非专业人士来说也是易懂易用的。

NCS 的基本色是红、绿、黄、蓝，其理论根源是来自色彩视觉理论中德国物理学家赫林（E.Hering）的四色学说，再细分成 40 个色相，分别与黑和白构成等色相三角形（图 1-32）。

NCS 的黑度—色度三角坐标图是一大特色，它是在色彩空间基础上的一个竖直剖面。三角的底边是从白到黑的灰色坐标线，三角的顶点则是彩度的最大值。通过色相和三角坐标，可以得到 NCS 色彩编号。NCS 以含黑度 S（Blackness）、含彩度 C（Chromaticness）与色相的组合来描述色彩。例如 NCS 标号记为 "1050-Y90R" 的颜色，黑色分量（10%）列在第一，彩色分量（50%）列在第二，色调（Y90R，90% 红 R 与 10% 黄 Y）列在最后，白色分量可以由 100% 减去 S、C 之和得到（60%）（图 1-33）。

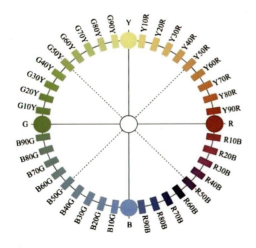

图 1-32　NCS 色相环

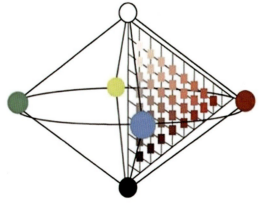

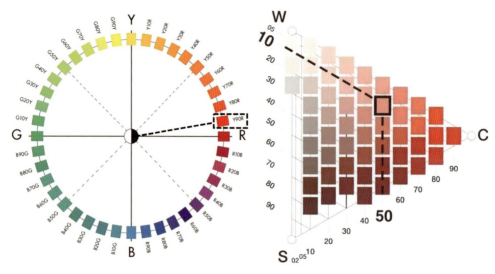

图 1-33 NCS 色相环

4. PCCS

PCCS 是 Practical Color Coordinate System 的缩写，是 1964 年日本色彩研究所发表的色彩体系，也是日本纯国产的色彩体系。因为 PCCS 等色相面均用不等边的三角形构成，所以色立体呈横卧蛋状（图 1-34）。PCCS 是一个集合了孟塞尔色彩体系、奥斯特瓦尔德色彩体系和 NCS 各自优点的色空间，各方面都更加成熟。PCCS 的不足之处在于无法直观定位色彩搭配间的相对颜色数值，从而影响后期成果的具体应用。它既可作为色彩初学者的色彩教育体系，又可作为配色设计、市场调查的工具而在时尚形象设计相关领域被广泛使用。

PCCS 以红、黄、绿、蓝、紫、橙作为基本色，6 个基本色呈不对称分布，不均匀地插入间色形成 24 色环，从泛紫的红开始按 1～24 编号。

PCCS 的色彩表示：把正色的色相名称用英文开头的大写字母表示，把带修饰语的色相名称用英语开头的小写字母表示，如 1pR、2R、3rR（图 1-35）。

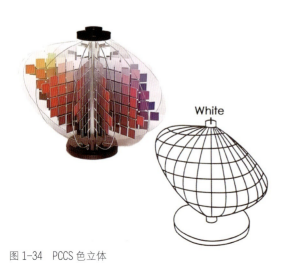

图 1-34 PCCS 色立体

图 1-35 PCCS 色相环

PCCS 明度细分为 18 个阶段，把明度最高的白设为 9.5，把明度最低的黑设为 1.0。因为色标不能印刷 1.0，所以明度阶段是 1.5～9.5。在色相环中，各色相的明度是不同的，其中黄色的明度最高，紫色的明度最低。纯度基准是指从实际得到的色料中，收集高纯度色彩领域中鲜艳程度的差别之后，给每个色相制定出不同的基准。在各色相的基准色与其同明度的纯度最低的有彩色中，等距离地划出 9 个阶段，纯色用 S 表示（图 1-36）。

PCCS 体系的优势在于将色彩的三属性关系，综合成色相与色调两种观念来构成色调系列，形成了色彩组合和分类指标并对应为形象性的词汇，即"色相和色调分析体系"，使色彩搭配和应用符合实际操作的需要。

9 个色调是以 24 色相为主体，分别以清色系、暗色系、纯色系、浊色系色彩命名的。色调与色调之间的关系同色彩体系的三要素关系的构架是一致的，明暗中轴线由不同明度的色阶组成。靠近明暗中轴线的色组，是低纯度的浊色系色调，即 Ltg 色组、g 色组。远离中轴线的色组，是高纯度的 v 色、b 色组；靠近明暗中轴线上方的色组，是高明度的清色系 P 色组、Lt 色组；中轴线下方的色组，是低明度的暗色系，即 dp 色组、dk 色组；中央地带的色组，是明度、纯度居中的 d 色组（图 1-37）。

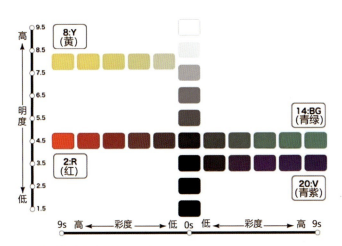

图 1-36 PCCS 色立体表色方法

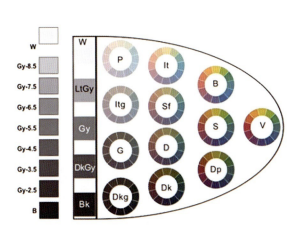

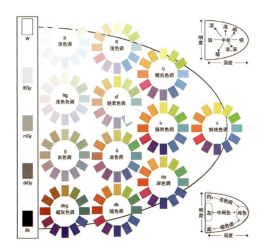

图 1-37 PCCS 色立体色调关系

1.2.3 色彩模式

1. 色域空间

色域空间是指某种表色模式所能表达的颜色数量所构成的范围区域，也指具体介质如屏幕显示、数码输出及印刷复制所能表现的颜色范围。人们经过大量的实践总结，将所有用油墨能表现的颜色的总和称为油墨的色域空间，也叫作 CMYK 色域；将所有由色光组成的颜色的总和称为 RGB 色域空间；而最大的色域空间则是 Lab 色域空间，这幅色域空间图（图 1-38）具体说明了每一个色空间的大小及三者的相互关系。

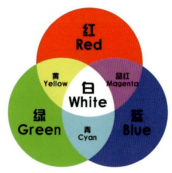

图 1-39　RGB 色彩模式

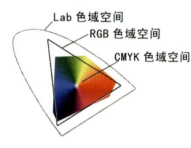

图 1-38　色域空间

Lab 色空间完全包含 RGB 色空间及 CMYK 色空间，只要是 RGB 或 CMYK 范围之内的，就一定存在于 Lab 范围之中。RGB 与 CMYK 色空间则既相互包容主要部分，又有很少部分相互超越。很明显，我们在进行色彩模式转换（如 RGB 转 CMYK 或 CMYK 转 RGB）时会有颜色的丢失，超过对方色空间部分的颜色就不能准确表现出来。

2. RGB 色彩模式

所谓 RGB，是指红（Red）、绿（Green）、蓝（Blue）3 种色光原色。这 3 种色彩叠加可以形成其他色彩（图 1-39）。因为这 3 种色彩都有 256 个亮度水平级，所以叠加就可以形成 1670 万种颜色了。这些颜色就是真彩色，通过它们足以再现绚丽的世界。在 RGB 模式中，由红、绿、蓝相叠加可以产生其他颜色，因此该模式也叫加色模式。每种原色的数值越高，色彩就越明亮。R、G、B 都为 0 时是黑色，都为 255 时是白色。

RGB 是计算机设计中最直接的色彩表示方法。计算机中的 24 位真彩图像，就是采用 RGB 模式来精确记录色彩的。所以，在计算机中利用 RGB 数值可以精确取得某种颜色。在所有设计软件中，都可以直接设置 RGB 的数值。有些软件还提供了直观的"RGB 三维色彩模式"来设置 RGB 色彩值。

RGB 虽然表示直接，但是 R、G、B 数值和色彩的三属性没有直接的联系，不能揭示色彩之间的关系。所以，在进行配色设计时，RGB 模式就不是那么合适了。

3. CMYK 色彩模式

RGB 只是光色的表示模式，在印刷行业中，使用另外一种色彩模式 CMYK（图 1-40）。CMYK 分别是青色（Cyan）、品红（Magenta）、黄色（Yellow）、黑色（Black）4 种油墨色。每一种颜色都用百分比来表示，而不是像 RGB 那样的 255 级度。

就编辑图像而言，RGB 色彩模式也是最佳的色彩模式，因为它可以提供全屏幕的 24bit

图1-40 CMYK色彩模式

在理想状态下，100%的青色油墨加上100%的品红油墨再加上100%的黄色油墨，就可以得到黑色。但是，这种理想状态是难以实现的，往往得到的是深褐色而不是黑色。因此，为了能得到更纯正的黑色，就需要加入黑色油墨。图1-42所示分别是一幅彩色图片的C、M、Y、K这4个通道。这4个通道的图片合成在一起，就组成了完整的彩色图片。

的色彩范围，即真彩色显示。但是，如果将RGB模式用于打印就不是最佳选择了，因为RGB模式所提供的有些色彩已经超出了打印的范围，所以在打印一幅真彩色的图像时，就必然会损失一部分亮度，并且比较鲜艳的色彩肯定会失真。这主要因为打印所用的是CMYK模式，而CMYK模式所定义的色彩要比RGB模式定义的色彩少很多，因此打印时，系统自动将RGB模式转换为CMYK模式，这样就难免损失一部分颜色，出现打印后失真的现象（图1-41）。

图1-42 CMYK的4个通道组成了彩色图片

CMYK色彩模式的色彩在计算机中用32位字节记录，这就是我们常说的32位真彩。和RGB一样，这种模式也可以直接调节每一个通道的数值来取得准确的色彩。CMYK也有类似RGB的三维色彩模式——CMYK三维色彩模式（图1-43）。

4. HSB色彩模式

HSB就是H（Hue，色相）、S（Saturation，饱和度）、B（Brightness，亮度），也可以称为HSV（Hue、Saturation、Value的首字母大写），正好就是色彩的三属性。也就是说，这种色彩模式用色彩的三属性来描述颜色（图1-44）。

图1-41 RGB转换CMYK色彩模式的失真

（1）色相。色相是指纯色，即组成可见光谱

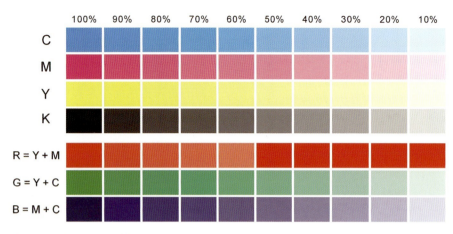

图 1-43 CMYK 三维色彩模式

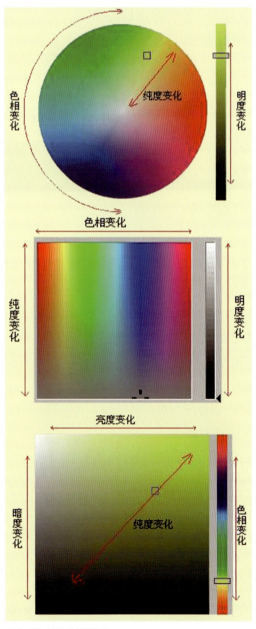

图 1-44 HSB 色彩模式

的单色。红色在 0°，绿色在 120°，蓝色在 240°。它基本上是 RGB 模式全色度的饼状图。

（2）饱和度。饱和度表示色彩的纯度，为 0 时即为灰色。白、黑和其他灰色色彩都没有饱和度。在最大饱和度时，每一色相具有最纯的色光。饱和度相当于家庭电视机的色彩浓度，饱和度高色彩就较艳丽，饱和度低色彩就接近灰色。明度也称为亮度，等同于彩色电视机的亮度，亮度高色彩明亮，亮度低色彩暗淡，亮度最高得到纯白，亮度最低得到纯黑。如果我们需要一个浅绿色，那么先要将 H 拉到绿色，再将 S 和 B 调整到合适的位置。一般浅色的饱和度较低，亮度较高。如果需要一个深蓝色，就将 H 拉到蓝色，再将 S 和 B 调整到合适的位置。一般深色的饱和度高而亮度低。

（3）亮度。亮度是指色彩的明亮度。亮度为 0 时即为黑色。最大亮度是色彩最鲜明的状态。

由于 HSB 模式能直接体现色彩之间的关系，所以非常适合于色彩设计，绝大多数设计软件都提供了这种色彩模式，包括 Windows 的系统调色板也是采用这种色彩模式。

虽然在现代颜色管理上较少用到 HSB 模式，但 HSB 模式却是更符合人类生理视觉模型的色彩空间。

5.Lab 色彩模式

Lab 色彩模式并不为很多人所熟知，当时研究 Lab 色彩模式的目的是制定一种和设备无关的色彩标准。Lab 模式既不依赖于光线，又不依赖于颜料，它是 CIE（Commission Internationale de L'Eclairage，国际照明委员会）确定的一个理论上包括人眼可以看见的所有色彩的色彩模式。Lab 模式弥补了 RGB 和 CMYK 两种色彩模式的不足。

Lab 的色彩理论是建立在人对色彩感觉的基础上的，认为在一个物体中，红色和绿色两种原色不能同时并存，黄色和蓝色两种原色也不能同时并存。

Lab 模式由 3 个通道组成，但不是 R、G、B 通道。它的一个通道是亮度，即 L；另外两个通道是色彩通道，用 a 和 b 来表示（图 1-45）。

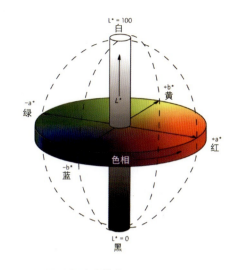

图 1-46 Lab 色彩模式

在很多专业的设计软件中，都提供有 Lab 色彩模式。另外，还有一种 24 位真彩色格式的图像采用 Lab 模式，这种 24 位真彩色和 RGB 的 24 位真彩色有很大的差别。在目前通用的点位图文件格式中，只有 TIFF 格式支持 Lab 24 位真彩。Lab 模式所定义的色彩最多，与光线及设备无关且处理速度与 RGB 模式同样快，比 CMYK 模式快很多。因此，可以放心大胆地在图像编辑中使用 Lab 模式。而且，Lab 模式在转换成 CMYK 模式时色彩没有丢失或被替换。最佳避免色彩损失的方法是：先应用 Lab 模式编辑图像，再转换为 CMYK 模式打印输出。

1.2.4 色彩工具

1. 色卡

色卡是设计师和产品之间的桥梁，设计师选取色彩交给印刷厂进行实物生产，印刷厂按照设计师的对色彩选择的初衷制造产品，其中需要设计师对产品色彩的预设。色卡是自然界存在的颜色在某种材质（如纸、面料、塑胶等）上的体现，用于色彩选择、比对、沟通，是色彩实现在一定范围内统一标准的工具。标准化的色卡为服装、印刷、工业设计等对色彩需求比较高的行业提供了配色标

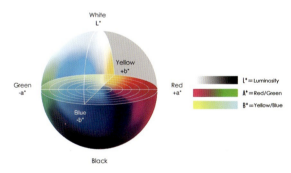

图 1-45 Lab 的色彩通道

Lab 色彩模式用 3 组数值表示色彩（图 1-46）。
L——Lightness 亮度数值，从 0 到 100。
A——红色和绿色两种原色之间的变化区域，数值从 -120 到 +120。
B——黄色到蓝色两种原色之间的变化区域，数值从 -120 到 +120。

准，同时也给艺术家和设计师带来新的灵感，让色彩能够更充分发挥自己的作用。

（1）国内标准色卡。

① 纺织服装行业国家标准色卡——CNCS色卡。CNCS色卡是已被确立为国家标准和纺织行业标准的色卡，由中国纺织信息中心联合国内外的顶级色彩专家和机构共同开发，是针对服装设计师、纺织服装企业和科研教育机构的色彩指导工具。CNCS色彩体系按色相、明度、彩度三属性变化编排，采用7位数字编码，每种色彩对应唯一的编码号。CNCS色卡由涤纶材质制作而成，色相细分达160个，明度跨度从15到90。与其他的色彩体系相比，CNCS色彩体系重点关注时尚，它搜集了近年来的近千种流行色彩，根据市场的变化和需求不断更新色彩体系，并在第一时间发布色彩流行趋势（图1-47）。

② 建筑行业国家标准色卡——CBCC色卡。CBCC色卡包含1026种建筑专用颜色，每页共6种色彩，适用于建筑设计、建筑材料、建筑装饰及建筑监理等建筑领域，是建筑色彩选择、管理、交流和传递的标准色彩工具。CBCC色卡符合国家标准《建筑颜色的表示方法》（GB/T 18922—2008），是目前国标级色彩标准工具，也是用于建筑颜色的标准色卡，是建筑行业专用色卡。

③ 漆膜颜色标准样卡——国内汽车贴膜专用色卡（图1-48）。

④ 漆膜颜色样卡——全国涂料和颜料标准化技术委员会根据国家标准《漆膜颜色标准》（GB/T 3181—2008）的实物标准色卡制定，在涂料、油漆、颜料、塑胶、金属涂装等各行业均被广泛采用（图1-49）。该色卡含83种颜色，并展示每种颜色的光面效果，每个颜色

图1-47　CNCS色卡

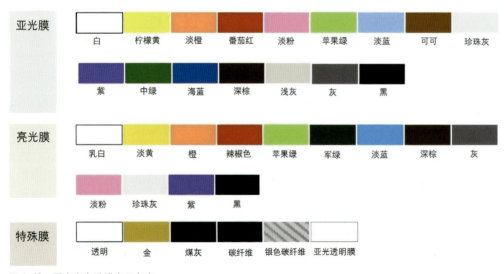

图1-48　国内汽车贴膜专用色卡

图1-49　漆膜颜色样卡

都有国家统一标准的编号，适用于油性涂料，如PB01深（铁）蓝、G09深豆绿、Y11乳白等。

图1-50　PANTONE纸质色卡

（2）国际标准色卡。

① 美国PANTONE色卡。PANTONE色卡中文官方名称为"彩通"，是享誉世界的涵盖印刷、纺织、家居、塑胶、绘图、数码科技、建筑和工业设计等领域的色彩沟通系统，已经成为国际色彩标准语言。世界任何地方的客户，只要指定一个PANTONE颜色编号，就可找到其所需颜色的色样，可以避免计算机屏幕颜色及打印颜色与客户实际要求的颜色可能不一致所引起的麻烦。

图1-51　PANTONE纺织色卡

PANTONE色卡的区分种类非常多样化，根据色卡基材类型可分为纸质色卡（也叫CU色卡，图1-50）、纺织色卡（也叫TCX色卡，图1-51）、塑料色卡（图1-52）。其中，纸质色卡中，C色卡（光面铜版纸1867色），U色卡（亚面胶版纸1867色），金属色卡（301色），高级金属色卡（300色），粉彩色＆霓虹色色卡（210色），RGB&CMYK色卡（2868色），TPG色卡（2310色）；纺织色卡中，TCX色卡（棉布、2310色），TSX色卡（涤纶、203色）；塑料色卡中，透明色卡（735色），不透明色卡（大片1755色、小片1005色）。

图1-52　PANTONE塑料色卡

② 德国 RAL 色卡。RAL 是德国的一种色卡品牌，在国际上广泛通用，中文译为"劳尔色卡"，又称 RAL 国际色卡或欧标色卡，在很多需要涂料、涂层表面的行业如建筑、家具、工业产品等行业使用率较高（图 1-53）。RAL 色卡主要有 K、E、D 三大系列，另有 P 系列的塑胶色卡，即 K=Classic 经典系列、D=Design 设计体系、E=Effect 实效系列、P=Plastic 塑料色卡。其中，K 系列：K1、K5、K6、K7、F9、840-HR（无光泽 213 色）、841-GL（有光泽 213 色）；D 系列：D2、D3、D4、D6、D8、D9（1825 色）；E 系列：E1、E3、E4（490 色）；P 系列：P1、P2（300 色）。RAL 色卡颜色编号建立在国际标准 CIE 颜色固体上，编码清楚易解。

图 1-54　NCS 色卡

色彩详述及质量控制等行业。常用的有扇形版 NCS INDEX 2050，包含 2050 全新色彩；NCS 色卡色谱 NCS Atlas 2050，包含 2050 个 NCS 标准颜色和 40 个颜色三角形；NCS 明度颜色灰度色光泽度标尺 NCS Glossy Scale，是一种解释和详细说明光泽度的工具，可以单独使用或配合色彩一起使用。

④ Munsell 色卡。Munsell 色卡是国际通用色卡，广泛应用于色彩研究、艺术设计、包装产品设计、色彩详述及质量控制等行业，通过色彩空间、色相、明度、彩度科学有效地用于色彩搭配（图 1-55）。常用的有孟塞尔国际标准色卡色彩大全——亮光面版，光面系列是 Munsell 色彩的主要色谱，包含超过 1600 种可移动式的高亮度色彩，每个颜色都按照 40 个固定的色相排列，包含 37 种灰色系列。

图 1-53　RAL 色卡

③ 瑞典 NCS 色卡。NCS 色卡是来自瑞典的色彩设计工具，它以眼睛看颜色的方式来描述颜色，将表面颜色定义在 NCS 色卡中，同时给出一个色彩编号（图 1-54）。NCS 色卡可以通过颜色编号来判断颜色的基本属性，如黑度、彩度、白度及色相。NCS 色卡编号描述的是色彩的视觉属性，与颜料配方及光学参数等无关。全部颜色按照色相及黑度、白度和彩度规律有序排列，便于进行颜色查找，也方便携带，广泛应用于色彩研究、艺术设计、建筑行业、家居用品、包装产品设计、

不同行业的色彩设计师所选用的配色工具有所差别：服装、纺织行业采用的主要是色相环、PCCS 色调图、PANTONE 色卡、NCS 色卡等与时尚行业相关的配色专业工具；工业产品、建筑、汽车等行业采用最多的是漆膜颜

图1-55　Munsell色卡

色样卡、RAL色卡等与工业生产相关的专业配色工具；制图、印刷、数码等行业采用最多的是色相环、色立体、PANTONE色卡等。

2. 测色仪

测色仪广泛应用于塑胶、印刷、油漆油墨、纺织服装等行业的颜色管理领域，用以测量显示出样品与被测样品的色差 ΔE 及 ΔLab 值、反射率等数据。

【便携式测色仪】

测色仪根据性能参数、精度范围和使用要求，可以分为以下3种。

（1）便携式测色仪。便携式测色仪又称便携式分光测色仪，能直接读取数据外，还能连接计算机，带软件，体积较小，便于携带，精度较高，价格适中（图1-56）。

（2）台式测色仪。台式测色仪又称台式分光测色配色仪，有读数窗口，连接计算机时使用测色、配色软件，具有高精度的测色和配色功能，可以测量透射物体，体积较大，性能稳定，价格较高（图1-57）。

（3）在线式分光测色仪。在线式分光测色仪适合生产车间与生产同步使用，大大提高了生产效率与生产质量。

图1-56　便携式测色仪

图1-57　台式测色仪

3. 光源箱

光源箱也叫标准光源箱，是一种能够模拟多种环境灯光的照明箱，用于准确校对货品的颜色偏差，常用于纺织品、印染、印刷、塑胶等行业的颜色管理（图1-58）。

【光源箱】

图 1-58 光源箱

一般使用的光源色温及峰值波长如下所列。
D65 光源：色温 6500±200K（国际标准人工日光）
D50 光源：色温 5000K（模拟太阳光）
A 光源：色温 2856K（展示厅橱窗射灯）
UV 光源：峰值波长 365nm（紫外线灯光）
CWF 荧光灯：色温 4150K（美国商店灯光）
F 光源：色温 2700K（家庭酒店暖色灯）
TL84 荧光灯：色温 4000K（欧洲、日本商店灯光）
U30 光源：色温 3000K（美国另一种商店灯光）

其中，D65、D50、A、UV、CWF 是 5 种主流光源，可以满足多种测量环境光源需求。一般来说，适用工业应用的专用 D65 光源，适用印刷和包装应用的专用 D50 光源。

使用光源箱时，必须尽量避免照射外来光线在检测样品上，可装上灰色窗帘以遮蔽，一般在黑房内使用 PANTONE 光源箱最为理想。

根据国际标准，光源箱只有以下两种观察角度是可以使用的。

（1）0°光源。45°观察（0°～45°），即光源从 0°（垂直）入射角照在样品上，观察者从 45°观察样品。

（2）45°光源。0°观察（0°～45°），即这个布局必须使用特定的 45°斜台使光源从 45°照射在样品上，观察者从 0°（垂直）观察样品。

4. 配色软件

配色软件是针对色彩行业而设计的，如印刷业、油墨业、造纸业等行业。专业配色软件是网页设计或平面设计师的必备工具，能快捷地建立满意的颜色搭配方案，使用时浏览颜色有一个动态的视觉颜色盘可以用来实时查看颜色是否协调、混合调色、升降颜色值，还可以进行对比分析和读出颜色值。常用的配色软件有 ColorSchemer Studio、ColorKey、CoffeeCup Color Schemer、VeryColor、Colorpicker 等。这些配色软件都具备的主要功能有创建保存调色板、定义各种调和色、通过联网可以获得更多定制颜色、即时预览配色方案在网页布局中的实际应用效果、RGB 和 CMYK 颜色模式快速切换、方便的颜色方案输出打印、强大的导入/导出功能、兼容各类热门图形图像软件及格式等。

配色软件的作用：可以减少配色时间，降低配色成本，提高配色效率和准确率；能在较短的时间内计算出油墨配方及修正配方；将以往所有配过的油墨颜色、色卡存入数据库，需要时可立即调出来使用；操作简单，减少人为因素的误差及对人为配色经验的依赖；计算油墨调配量，减少库存的堆积；使用配色软件，可以再利用废墨及库存墨，降低产品成本；色彩管理数据化，使色彩交流更畅顺。

1.3 色彩知觉与功能

1.3.1 色彩知觉

1. 人对色彩的辨别能力

自然界的色彩丰富绚烂，色彩种类不计其数。据统计，一般人可在无彩色的白与黑之间能分辨 125 级，辨别能力强的人高达 500 级；至于有彩色，一般人通常可分光谱色 130 级，能力强的人可达 200 级；不同色调的饱和度从无彩色至纯色，阶段不等，人的分辨能力基本在 70～170 级。人类大约可辨别 700 万种色彩，人的色彩分辨能力如此敏锐、精细，即使是高精度的光谱测色仪也望尘莫及。

科学家通过研究发现：大多女性在识别色彩的比差和层次方面超过男性，她们识别红色的颜色的能力尤其高于男性。这是因为她们负责感知红、绿色的视网膜蛋白基因编码不同。X 染色体有两种类型的"视蛋白"，可以帮助人类识别红色或橙红色。男性有 X 和 Y 染色体，所以他们只能拥有其中一种"视蛋白"；而女性则有两个 X 染色体，所以她们对红色的色彩更有识别力。

2. 色彩的稳定性和演色性

尽管沐浴着阳光的绿叶与生长在背阴处的绿叶色彩不尽相同，但是在人们眼中，这两处的树叶无不呈绿色，这即色彩稳定性的表现。一般来说，人对自己熟悉的物体因光照条件变换产生的色彩变化反应迟钝。色彩的稳定性主要体现在表面色上。人们往往误以为表面色是客观物体的属性之一，即使改换光源、改变照度，对表面色也无丝毫影响。如果利用不同光线拍摄的物体彩色照片与眼前实物比较，这种现象会表现得非常清楚。

相反，人们认为陌生的物体深受光源、照度的影响。在人们眼中，陌生物体的表面色变幻莫测，这种因光源、照度不同而发生色彩不断变幻的现象就是"光的演色性"。在舞台灯光设计、室内装饰等领域中，光的演色性起着举足轻重的作用。

3. 色彩的视认性和诱目性

色彩的视认性是指在底色上对图形色辨认的程度，即是否可以让人看清楚，不同背景下的不同色彩的视认距离是不同的（图 1-59）。实验证明，视认性与照明情况，图形与底色色相、纯度、明度的差别，图形的大小和复杂程度，观察图形的距离等因素有关，其中图形与底色的明度差对视认性的影响最大。

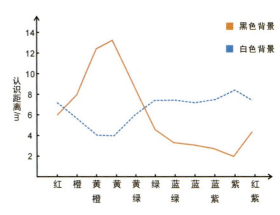

图 1-59　不同背景下的色彩视认性

一般情况下，照明光线太弱或太强，视认性都差；图形与底色色相、纯度、明度对比强时，视认性高，对比弱时，视认性低；图形面积大时，视认性高；图形面积太小时，图形色会被底色"同化"，其视认性就低；图形简单而集中时，视认性高；图形复杂而分散时，视认性低。例如，在白纸上（底色）写黑字（图形色），容易分辨，则视认性高；在白纸上写黄字，较难分辨，则视认性低。

在不同的底色上配以不同的图形色，有的配色视认性较高（图1-60），其中黑底配黄色图形视认性最高；有的配色视认性较低（图1-61），其中黄底配白色图形视认性最低。

图1-60 视认性较高的配色

图1-61 视认性较低的配色

色彩本身容易引起注意，这种现象就是色彩的诱目性。纯度高的鲜艳色，诱目性较高，尤其鲜艳的红、橙、黄等具有前进性质的立体色，较容易引起人们的注意。而视认性高的色未必就是诱目性高的色，因为容易被识别辨认的色，不一定会对人有吸引力而引起关注。诱目性最高的颜色要数高彩度的红色，所以禁止、停止和危险等重要标志要用红色

表示。根据5种色光进行诱目性实验，得出诱目性的排列次序是：红色＞蓝色＞黄色＞绿色＞白色。对于物体色彩来说，红色的诱目性要优于黄红色或黄色。例如，交通标志使用红灯就是利用了红色具有最强的诱目性的特性，它比起其他颜色对交通有更大的安全性。黄色的诱目性也极强，常常代表着安全性和警惕性，从大黄蜂到校车，从交通灯到荧光笔，到处都有醒目的黄色出现。又如，严重犯规的足球运动员会被出示黄牌警告，而在环法自行车赛中穿黄色领骑衫的选手是所有人追逐的目标。

色彩的诱目性主要取决于该色的独立特征及其在周围环境中惹人注目的程度。一般来说，有彩色比无彩色诱目性高；纯度高的暖色比纯度低的冷色诱目性高；明度高的色比明度低的色诱目性高；不同背景下的色彩诱目性也不尽相同（图1-62），根据主要色相的高彩度进行实验得出，在黑色和中灰色的背景下，色彩的诱目性的次序是：黄色＞黄红色＞红色；在白色的背景下，色彩的诱目性的次序是：红色＞黄红色＞黄色。另外，在设计中还要特别注意，色彩在环境中是一个动态的调和过程，色彩的诱目性不仅是单独色彩的鲜艳夺目，而且必须多考虑它和其他要素及背景的色彩的关系。例如在建筑设计中，人们将红色运用在住宅上，无论在空旷的绿

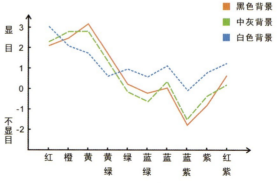

图1-62 不同背景下的色彩诱目性

地上还是在茂密的树林里，都能耀眼诱目。由于红色和绿色的补色对比效果明显，诸如"浓绿万枝红一点"（语出北宋王安石《咏石榴花》），因此给人一种良好的视觉兴奋感，同时也使得建筑本身具有一定的可识别性。

1.3.2 色彩心理要素

1. 色彩心理

色彩心理是指客观色彩世界引起的主观心理反应。不同波长的光在作用于人的视觉器官产生色感的同时，必然导致某种情感的心理活动。色彩的心理效应也就是色彩对人的心理影响，它是来自色彩物理光刺激对人的生理产生的直接影响。人们在长期的生活实践中，逐渐形成了对不同色彩的不同心理反应。

对于现代色彩学家来说，色彩的效果具有自发性和直接性。从实验心理学角度进行实验发现：在相同条件下，同一被测试者分别观看不同颜色一段时间，其脉搏、呼吸、脑电波频率等生理反应都会出现很大差异。观察色彩对比鲜明的图片，被测试者脑电波的反映较为明显。另外，纯度较高的颜色会让被测试者的反映更加明显。现在普遍认为，强明度、高饱和度和长波振动的色相可以引起神经的兴奋。一般来说，色彩的心理效应通常由以下几个方面来体现：色彩的情绪效应，色彩的联想效应，色彩的象征效应，色彩的知觉效应（通常包括色彩的冷暖感、色彩的轻重感、色彩的软硬感、色彩的前进与后退感、色彩的膨胀与收缩感等）。

（1）色彩的冷、暖感及中性色。
色彩本身并无冷暖的温度差别，只是视觉色彩引起人们对冷暖感觉的心理联想。

冷色：人们见到蓝、蓝紫、蓝绿等色后，则很容易联想到太空、冰雪、海洋等物象，会产生寒冷、理智、平静等感觉。

暖色：人们见到红、红橙、橙、黄橙、红紫等色后，马上联想到太阳、火焰、热血等物象，会产生温暖、热烈、危险等感觉。

色彩的冷暖感觉，不仅表现在固定的色相上，而且在比较中会显示其相对的倾向性。例如同样表现天空的霞光，用玫红画早霞那种清新而偏冷的色彩，感觉很恰当，而描绘晚霞则需要用暖感强的大红了。但如果与橙色对比，前面两色又都加强了寒感倾向。

人们往往用不同的词汇表述色彩的冷暖感觉，冷色使人感觉到阴影、透明、镇静的、稀薄的、淡的、远的、轻的、微弱的、湿的、理智的、圆滑、曲线型、缩小、流动、冷静、文雅、保守等；暖色使人感觉到阳光、不透明、刺激的、稠密、深的、近的、重的、强性的、干的、感情的、方角的、直线型、扩大、稳定、热烈、活泼、开放等。

中性色：绿色和紫色是中性色。黄绿、蓝、蓝绿等色使人联想到草、树等植物，产生青春、生命、和平等感觉。紫、蓝紫等色使人联想到花卉、水晶等物品，易产生高贵、神秘感。至于黄色，一般被认为是暖色，因为它使人联想到阳光、光明等。当然，同属黄色相，柠檬黄显然偏冷，而中黄则感觉偏暖。

（2）色彩的轻、重感。
物体表面的色彩不同，看上去也有轻重不同的感觉，这种与实际重量不相符的视觉效果，就是色彩的轻重感。感觉轻的色彩称为轻感色，如白、浅绿、浅蓝、浅黄色等；感觉重的色彩称为重感色，如藏蓝、黑、棕黑、深红、土黄色等。

色彩的轻重感主要取决于明度上的对比，明度高的亮色感觉轻，明度低的暗色感觉重（图1-63）。明度高的色彩使人联想到蓝天、白云、彩霞及许多花卉，还有棉花，羊毛等，产生轻柔、飘浮、上升、敏捷、灵活等感觉。明度低的色彩易使人联想到钢铁、大理石等物品，产生沉重、稳定、降落等感觉。

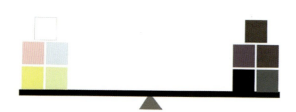

图1-63 同样体积不同明度的轻重感

另外，物体表面的质感效果对轻重感也有较大影响。人们冬天穿着西装时，会感觉比其他季节重。除了穿得比较多，也是因为冬天西装的颜色比较深，面料质感比较厚重。其次是纯度，在同明度、同色相条件下，纯度高的感觉轻，纯度低的感觉重。在所有色彩中，白色给人的感觉最轻，黑色给人的感觉最重。从色相方面来看，暖色黄、橙、红给人的感觉轻，冷色蓝、蓝绿、蓝紫给人的感觉重。色彩的轻重在不同的领域起着不同的作用，如在工业、钢铁等重工业领域可以用重一点的色彩，在纺织、文化等科教领域可以用轻一点的色彩。

(3) 色彩的软、硬感。
色彩的软、硬感也主要来自色彩的明度，与纯度也有一定的关系。明度高的色彩给人以柔软、亲切的感觉，明度低的色彩则给人坚硬、冷漠的感觉。例如护肤品广告的色彩定位，同样是蓝色，女性护肤品用明度高的清爽的淡蓝色调来表现产品水润柔美的女性特质，男性护肤品则用深蓝色来展现男性成熟刚毅的魅力。明度越高感觉越软，明度越低则感觉越硬，但黑、白两色的软、硬感并不明确。明度高、纯度低的色彩有软感，中纯度的色彩也有柔感，因为它们易使人联想起骆驼、狐狸、猫、狗等动物的皮毛，还有毛呢、绒织物等。高纯度、低明度的色彩有坚硬感，明度高、纯度低的色彩有柔软感，如化妆品的色彩。色相与色彩的软、硬感几乎无关。

(4) 色彩的前、后感。
各种不同波长的色彩在人眼视网膜上的成像有前后，如红、橙等光波长的色在后面成像，感觉比较迫近；而蓝、紫等光波短的色则在外侧成像，在同样距离内感觉比较后退。一个人穿着相同款式、相同材料、不同色彩的两套服装，在同一环境中给人的感觉却有所不同。例如一个人在同一环境中，穿着红色服装时，感觉离我们较近，体积较大；穿蓝色服装时，感觉离我们较远，体积小些。

实际上这是视错觉的一种现象，从色相方面比较，波长较长的色相，如红、橙、黄给人以前进的感觉；波长较短的色相，如蓝、蓝绿、蓝紫则给人以后退的感觉。从明度方面比较，明度高而亮的色彩给人以前进的感觉；明度低而暗的色彩给人以后退的感觉。从纯度方面比较，高纯度的鲜艳色彩给人以前进的感觉；低纯度的灰浊色彩给人以后退的感觉，并受明度高低所左右。一般来说，暖色、纯色、高明度色、强烈对比色、大面积色、集中色等给人以前进的感觉；相反，冷色、浊色、低明度色、弱对比色、小面积色、分散色等给人以后退的感觉。

(5) 色彩的大、小感。

由于色彩有前、后感，因此暖色、高明度色等有扩大、膨胀之感，冷色、低明度色等有显小、收缩之感。也就是说，暖色及明色看着大，冷色及暗色看着小。按大小感觉的划分，色彩的排列顺序为红、黄、橙、绿、蓝、青。充分利用色彩的大、小感觉也是设计中常用的一种表达方法。如图1-64所示，4个体积一样的油漆桶，红色和黄色的油漆桶看起来要比蓝色和黑色的大一些，这就是冷暖和明度不同从视觉上会影响人们的判断力的实例。

图1-64　冷暖和明度不同引起的大小视错觉

(6) 色彩的华丽、质朴感。

色彩的三要素对华丽及质朴感都有影响，其中纯度关系最大。明度高、纯度高的色彩，丰富、强对比的色彩感觉华丽、辉煌。明度低、纯度低的色彩，单纯、弱对比的色彩感觉质朴、古雅。有彩色系具有华丽感，无彩色系具有朴素感。运用色相对比的配色具有华丽感，其中补色最为华丽。强对比色调具有华丽感，弱对比色调具有朴素感。但无论何种色彩，如果带上光泽，都能产生华丽的效果。

(7) 色彩的活泼、庄重感。

暖色、高纯度色、丰富多彩色、强对比色感觉跳跃、活泼有朝气，冷色、低纯度色、低明度色感觉庄重、严肃（图1-65）。

图1-65　色彩丰富的iMac和色彩庄重的PC

(8) 色彩的兴奋、沉静感。

色彩的兴奋、沉静感取决于刺激视觉的强弱。偏暖的色系容易使人兴奋，即所谓"热闹"；偏冷的色系容易使人沉静，即所谓"冷静"。影响最明显的是色相，红、橙、黄等鲜艳而明亮的色彩给人以兴奋感，蓝、蓝绿、蓝紫等色彩使人感到沉着、平静。绿和紫为中性色，没有这种感觉。这也跟纯度有很大关系，高纯度色给人以兴奋感，低纯度色给人以沉静感。这还跟明度有关系，暖色系中高明度、高纯度的色彩给人以兴奋感，低明度、低纯度的色彩给人以沉静感。色彩组合的对比强弱程度直接影响兴奋、沉静感，强者容易使人兴奋，弱者容易使人沉静。

2. 影响色彩心理效应的因素

事实上，色彩生理和色彩心理过程是同时交

又进行的，它们之间既相互联系，又相互制约。在发生一定的生理变化时，就会产生一定的心理活动；在发生一定的心理活动时，也会产生一定的生理变化。例如，红色能使人生理上脉搏加快，血压升高，心理上具有温暖的感觉。长时间红光的刺激，会使人心理上产生烦躁不安，在生理上寻求相应的绿色来补充平衡。因此，色彩的美感与生理上的满足和心理上的快感有关。

色彩心理效应对人类的影响具有一定的广泛性和普遍性，但是它产生作用的过程不是单方面的，同样会受到许多因素的影响。

(1) 个体因素。
① 年龄。个体在成长的岁月中，身、心两方面的特质均会随年龄的增加而产生质与量的改变。心理学研究指出，个体随着年龄的增长、经历的丰富，生活联想的作用便渗入色彩心理的表现形式上。色彩的心理是随着人的年龄发展变化的，所以针对不同年龄的受众开发产品，一定要注意不同年龄阶段对色彩的偏爱。

据相关研究，儿童大多喜爱鲜艳的颜色。其中，婴儿喜爱红色和黄色；4~9岁儿童最喜爱红色，9岁的儿童又喜爱绿色；7~15岁的小学生中男生的色彩爱好次序是绿、红、青、黄、白、黑；女生的色彩爱好次序是绿、红、白、青、黄、黑。随着年龄的增长，人们的色彩喜好逐渐向复色过渡，向黑色靠近。也就是说，年龄越接近成熟，所喜爱色彩越倾向成熟。

老年人总体上对颜色的好恶取决于两大因素：一是视力因素，由于老年人的视觉能力普遍减弱，因此对于单一色彩，他们更喜欢中明度组的色彩，在此明度下，色彩看起来更为娇艳。在色彩配置方面，老年人普遍青睐艳丽、视觉冲击强、易于视觉感知的色彩或色彩搭配；二是心理状况，退休后的社会遗弃感、衰老濒死感、守巢孤独感等都容易引发抑郁症，这使大部分老年人从心理上需求绚丽热闹的色彩，因此表现出对暖色调色彩的偏爱，他们从潜意识里希望通过这些接近阳光的色彩暗示充满活力的生活、找寻曾经拥有的青春活力。

② 性格与情绪。性格与情绪影响色彩心理情感的表现形式，不同性格的人对不同的色彩有所偏好。色彩搭配与人们的性格、气质、生活习惯、爱好、情趣都有密切关系，常见的类型也很多，例如，青年型：采用柠檬黄、嫩绿和红色，以此显示明快、热情，同时含有一份恬静；学者型：可用紫色、玫瑰色、咖啡色为主，给人一种幽婉、深沉和华贵的感觉；青年夫妇型：宜以粉色、橙色、淡蓝色为主，既柔和，又轻松；老人型：以中性为主，既不能太强烈，又不能太压抑，色彩还不能太杂乱；稳重型：多用白色或浅绿色，适用于性格急躁、感情冲动的人。

③ 文化修养与审美。人是具有多样性的个体，在现实生活中具备不同文化素养的人有不同的色彩审美心理。另外，审美标准也随着时代的发展而不断变化。例如，体力劳动者喜爱鲜艳色彩，脑力劳动者喜爱调和色彩；农牧区喜爱极鲜艳的，呈补色关系的色彩；高级知识分子则喜爱复色、淡雅色、黑色等较成熟的色彩。

(2) 外部因素。
① 社会因素。不同时代由于社会制度、宗教信仰、思想意识等原因，人们的色彩审美心理、标准也会不同。一个时期的色彩的审美

心理受社会心理的影响很大,所谓"流行色"就是社会心理的一种产物,时代的潮流、现代科技的新成果、新的艺术流派的产生甚至自然界某种异常现象所引起的社会心理都可能对色彩心理发生作用。当一些色彩被赋予时代精神的象征意义,符合人们的认识、理想、兴趣、爱好、欲望时,那么这些具有特殊感染力的色彩就会流行开来。

例如,20世纪60年代初,宇宙飞船上天,开拓了人类进入新的宇宙空间的新纪元,这个标志着新的科学时代到来的重大事件曾引起世界轰动,各国人民都期待着宇航员从太空中带回新的趣闻。于是,色彩研究家抓住了人们的心理,发布了所谓的"流行宇宙色",结果在短时期内流行全世界(图1-66)。20世纪70年代,欧洲国家面临能源危机,局势动荡不安,经济不景气,人们预感到战争危险日益加剧,一部分人甚至产生了恐惧心理,国际流行色协会趁机发布了一组卡其色(军装绿),被人们广泛接受。

1982—1983年,国际流行色协会发布的沙漠色象征着古丝绸之路,中国丝绸协会趁势提出"敦煌色",也曾受到人们的重视和欢迎(图1-67)。

图1-67 敦煌色

流行色是指某一个时期人们普遍喜爱且盛行的一种带有倾向性的色彩。流行色的出现是社会有着共同的美感心理的表现。流行色也是合乎时代要求而流行的色彩,反映了一定时期人们对色彩的追求、倾向。

【流行色】

1963年,十几个国家联合成立了国际流行色委员会,总部设在法国巴黎。该组织每年举行两次会议,确定第二年的春季和秋冬季的流行色,各国根据本国的情况采用、修订,然后发布本国的流行色。来自世界各地的流行色专家在调查研究消费者上一季度采用最多的颜色时,注意找出哪些是最新出现的、有上升势头的颜色,分析消费者的心理与对颜色的喜好并窥探消费者的内心,猜测在下

图1-66 宇宙色

一季度的政治、经济和社会形势下，消费者喜欢什么颜色，最后在充分讨论和分析的基础上，投票决定下一季度的流行色。

流行色在一定程度上对市场消费具有积极的指导作用。在国际市场上，特别是一些消费水平较高的市场上，流行色的敏感性更高，作用更大。所以，学习现代色彩设计，一定要掌握流行色发展的趋势，通过了解国际流行色协会发布的流行色报告，以及各种时尚杂志对流行色的介绍和推广，来适应和超越时代色彩变化。

② 风俗习惯。各民族的风俗习惯构成了人们传统偏好的群体心理条件。不同的民族由于文化传统与风俗习惯的不同，对色彩的反映与态度也各不相同。例如，同样哀悼追思，欧洲人多用黑色表示，黑色的低沉静默十分符合悼念者的心情与氛围；而我国自古以来都习惯用白色来进行祭奠，这时的白色有悼念亡灵升天的隐喻。黑色与白色正好是两种极色，而东西方风俗各取其极端。当然，风俗习惯也会随着时代、观念的发展而改变，现在我国也大多以佩戴黑纱表示对死者的悼念。又如，对于结婚等喜庆事件，我国的传统习惯多用红色以图吉祥，而西方则让新娘穿上白色婚纱以示纯洁高尚，现在这些风俗习惯也随着全球文化的某种趋同，出现了同化现象。

色彩心理还受到宗教的影响，不同民族的不同的宗教信仰也会对色彩形成不同的喜恶。例如，同样是黄色，佛教用作僧衣颜色，把黄的类似色金色喻为超俗，基督教则因黄色是叛徒犹大的衣服颜色而视为卑劣可耻。这类对色彩的认同或否定，是风俗习惯与文化在长期的历史积淀中形成的集体意识，其象征意义远远大于心理作用。

③ 环境和气候。地理环境在一定程度上影响着色彩心理定式的形成。人们在研究中发现，对色彩的认知过程，是一个复杂的视觉与心理的感知过程。不同地域的人、不同的文化对色彩的解释往往有着很大的差异，这种差异在某种程度上决定了视觉与心理对色彩环境优劣的判断。由于地域、文化、宗教信仰的差异，人们对色彩的象征意义解释却有着本质认知的不同。这种差异与区别首先表现在地理环境上，例如：地处古埃及沙漠文化中的人们对黄色和蓝色特别崇尚；生活在黄河流域和长江流域的汉民族崇尚红色，认为红色可以给人们带来吉祥，红色可以解释为红红火火，形容生活及工作蒸蒸日上、一帆风顺。

3. 色彩心理效应的运用

由色彩引起的人的心理效应，对于色彩的设计和应用具有十分重要的意义。恰当地使用色彩，在工作上能减轻疲劳，提高工作效率，减少事故；在生活上能够创造舒适的环境，增加生活的乐趣；甚至在医学上，也能用于治病。

在餐饮行业中，色彩的构成原理和色彩心理也常常用于饮食文化的诠释。例如，菜色的搭配、餐厅的装潢、服务人员的着装颜色等都对顾客的心理产生了重要的影响。

在城市交通环境中，路面色彩、交通标志色彩、色彩光污染等与交通安全都有着非常密切的关系。对于驾驶员来说，影响他们操作的信息大部分来自视觉，而色彩又是视觉最易感知的信息内容。由此可见，色彩的心理效应对于交通安全有着重要意义。

在医学上,淡蓝色能够使人退烧,血压降低;赭石色能使病人血压升高,增强新陈代谢;蓝色有利于外伤病人克制冲动和烦躁;利用蓝色荧光灯照射患有黄疸病的婴儿,有一定治疗效果;绿色环境有利于病人休息;红、橙色可以使人增强食欲;紫色可以使孕妇安定,减轻分娩的痛苦等。

此外,在产品包装、建筑装潢、景观设计、国防建设等众多领域,色彩的心理效应同样发挥了巨大的作用,也受到了人们的广泛重视,越来越多的心理学家也关注到色彩心理的巨大前景。

4. 象征性色彩

一种色彩表示一种特定的内容,久而久之这种色彩就逐渐成为该事物的象征色。例如,有些民族习惯给色彩赋予象征意义,以表明社会阶层、地位,或作为神话、宗教思想的象征等。象征性色彩在世界上既有共通性意义,又有各民族不同的传统习惯所赋予的意义。

红是火的色彩,象征着热情奔放,又因为与血的颜色相同,所以又表示革命或牺牲。在中国,红色是喜庆的象征色。而在西方国家,红色系的各色含义各异,如粉红色表示健康;又如,深红色意味着嫉妒与暴虐,被认为是恶魔的象征。在中国,最明亮的黄色是皇帝的专有色,黄色成为智慧和权贵的象征;在古罗马,黄色也是高贵的象征色。

象征性色彩表现有时并非出自视觉美感,也不是为了传达情感,而是像象形文字一样,所表达的完全是抽象的意义或某种特定的精神。

5. 主观性色彩

人们之所以热爱色彩,是因为色彩能与心灵对话,能给人带来丰富的联想和回忆,使人随之产生喜、怒、哀、乐等情绪与心境,从而寄予人某种精神。

主观性色彩的体现不可能是人人相同的,它取决于个人的主观性质,随着人的不同地位、年龄、地域、经历、爱好、个性、立场、观念的变化而变化。例如,老年人、中年人、青年人对色彩的欣赏有相当大的差异;知识分子与工农大众对同一色彩的感受也不同;山区农民与城市居民对色彩的喜爱与要求也不尽相同。这均是因不同人对色彩的主观认知不同而起作用的(表1-3)。设计师不仅要从自身的角度去体会选用色彩,而且要站在大众的立场去研究人们对色彩的欣赏趣味与消费心理,以及在接受其设计时可能出现的心理效应。

表1-3 色彩与性格的关系

序号	色彩	性格特点
1	喜爱红色系的人	性格耿直,自我主张强,富有占有欲,攻击性强
2	喜爱橙色系的人	自我意识强,不易妥协,物欲少,人好胜
3	喜爱黄色系的人	性格开朗,幸福欲强,少自我抑制,欲求依赖他人
4	喜爱绿色系的人	勤俭进取,待人随和,责任心强,人好静
5	喜爱蓝色系的人	沉默玄思好幻想,孤僻,与人无争
6	喜爱紫色系的人	优雅浪漫且爱高尚,富于幽默却无法面对现实

6. 意象性色彩

利用色彩媒体传达一定的意义、内涵、意境、情态的色彩组织,称为意象性色彩表现。意象性色彩主要依据色彩的三要素来传达对色彩的基本感受(表1-4)。

表 1-4 色彩的意向性表现

序号	色彩	意向性表现
1	高明度色彩	清爽、明朗、柔弱、女性化
2	低明度色彩	浑厚、压抑、安定、男性化
3	暖色系色彩	温暖、活跃、甜熟、华美
4	冷色系色彩	寒冷、沉着、理智、素净
5	高纯度色彩	鲜艳、活泼、积极、刺激
6	低纯度色彩	寂寞、老成、消极、朴素

例如，北京故宫以红墙、黄瓦、汉白玉栏杆，蓝、绿、红、金的色彩组合，来表现华丽、高贵的色彩意象，象征着皇权的神圣。江南民居则以黑瓦、白墙、赭色大门，传达一种素雅质朴的意象。

同一种色彩在不同的国家，因国家传统、民族文化的不同而各异，其色彩意象也不尽相同，见表（1-5）。

表 1-5 不同国家的色彩意向

色彩	中国	韩国	日本	美国
灰色	廉价	廉价	廉价	昂贵、高品质、可靠
蓝色	高品质	真诚、可信	真诚、可信	高品质、可靠
绿色	纯洁、可信	纯洁、高品位	纯洁、高品位、冒险	高品位、冒险
红色	快乐、爱、冒险	爱、高品位、冒险	爱、高品位、冒险	爱、高品位、冒险
黄色	幸福、纯洁、进取	幸福、纯洁、可靠、高品位	幸福、纯洁	幸福、纯洁、高品位
紫色	昂贵、爱、高品	昂贵、爱、可依靠	昂贵	进取、廉价、爱
棕色	高品位	廉价	廉价	廉价
黑色	有力、昂贵、可靠	有力、昂贵	有力、昂贵	有力、昂贵

1.3.3 色彩功能

【色彩功能】

色彩的功能是指色彩对眼睛及心理的作用，包括眼睛对它们的明度、色相、纯度、对比刺激的作用和心理留下的影响、象征意义及感情影响。色彩随着明度、色相、彩度、冷暖的变化而千变万化，而色彩间的对比调和效果更加千变万化。

同一色彩及同一对比的调和效果，均可能具有多种功能；多种色彩及多种对比的调和效果，也可能具有极为相近的功能。为了更恰如其分地应用色彩及其对比的调和效果，应使之与形象的塑造、表现与美化统一，使形象的外表与内在统一，使作品的色彩与内容、气氛、感情等表现要求统一，使配色与改善视觉效能的实际需求统一；同时，使色彩的表现力、视觉作用及心理影响充分地发挥出来，给人的眼睛与心灵以充分的愉快、刺激和美的享受，而且必须对色彩的功能进行深入的研究。但是，逐一地研究数以千计的色彩功能既不可能，又无必要，只要研究一些最基本的色彩就可以了。

例如，黄色光的光感最强，给人以光明、辉煌、轻快、纯净的印象。在生活中，在相当长的历史时期，帝王与一些宗教传统均以辉煌的黄色作服饰；家具、宫殿与庙宇的色彩都相应地加强了使用黄色，给人以崇高、智慧、神秘、华贵、威严和仁慈的感觉。

但由于黄色有波长短、不容易分辨、轻薄、

软弱等特点，黄色物体在黄色光照下有失色的现象，如植物呈灰黄色时就被看作病态，天色昏黄便预示着风沙、冰雹或大雪天气。因此，黄色有象征酸涩、病态和反常的一面。

黄色明视度高，在工业安全用色中，橙色即警告危险色，常用来警告危险或提醒注意。例如，交通信号上的黄灯，工程用的大型机器，学生用雨衣、雨鞋等，都使用黄色（图1-68）。

又如绿色，太阳照射到地球的光线中绿色光占50%以上。由于绿色光在可见光谱中波长恰居中位，色光的感应处于"中庸之道"，人的视觉对绿色光波长的微差分辨能力最强，也最能适应绿色光的刺激。所以，人们把绿色作为和平的象征、生命的象征。

在自然界中，植物大多呈绿色，人们称绿色为生命之色，并把它作为农业、林业、畜牧业的象征色。由于绿色体的生物和其他生物一样，都会经历从诞生、发育、成长、成熟、衰老到死亡的过程，这就使绿色出现不同阶段的变化，因此黄绿、嫩绿、淡绿就象征着春天和作物稚嫩、生长、青春与旺盛的生命力，艳绿、盛绿、浓绿象征着夏天和作物茂盛、健壮与成熟，灰绿、深绿、褐绿便意味着秋冬和农作物的成熟、衰老。

在设计中，绿色所传达的清爽、理想、希望、生长的意象，符合服务业、卫生保健业的诉求。邮政是服务千家万户的使者，因此其代表色是绿色；工厂为了避免工人操作时眼睛疲劳，将机械涂上绿色；一般的医疗机构场所，也常采用绿色来作空间色彩规划，标示医疗用品。

再如蓝色，在可见光谱中，蓝色光的波长短于绿色光，而比紫色光略长些，穿透空气时形成的折射角度大，在空气中辐射的直线距离短。每天早上与傍晚，太阳的光线必须穿越比中午厚3倍的大气层才能到达地面，其中蓝紫光早已折射，能达到地面的只是红黄光。所以，早晚能看见的太阳光是红黄色的，只有在高山、远山、地平线附近，看见的太阳光才是蓝色的。蓝色在视网膜上成像的位置最浅。如果红橙色被看作前进色时，那么蓝色就应是后退的远渐色。

蓝色的所在，往往是人类所知甚少的地方，如宇宙和深海，古人认为那是天神水怪的住所，令人感到神秘莫测，而现代人则把它们作为科学探讨的领域。因此，蓝色就成为现代科学的象征色，给人以冷静、沉思、智慧和征服自然的力量。在视觉传达设计中，蓝与白不能引起食欲而只能表示寒冷，成为冷冻食品的标志色。如果把它作为食欲色的陪

图1-68　黄色的警示性

衬色时，效果是相当不错的。

由于蓝色沉稳，具有理智、准确的意象，在设计中，强调科技、效率的商品或企业形象大多选用蓝色作为标准色、企业色，如计算机、汽车、影印机、摄影器材等（图1-69）。另外，蓝色也代表忧郁，这个意象多运用在文学作品或感性诉求的设计中。

图1-69　蓝色的科技感

1.4　色彩形象与战略

1.4.1　色彩与销售

色彩与销售有着千丝万缕的联系，它无时无刻不对人们的情感产生显而易见的影响。当色彩战略作用于商品销售过程时，就增加了商品的感染力。商品外观的色彩、包装的色彩及广告的色彩都会直接影响消费者的情感，进而影响消费者的消费行为。在某些情况下，色彩甚至可以左右消费者的消费行为。

例如，美国营销界总结出"7s定律"，即消费者会在7s内决定是否有购买商品的意愿。商品留给消费者的第一眼印象可能引发消费者对商品的兴趣，希望在功能、质量等其他方面对商品有进一步的了解。在这短暂而关键的7s内，色彩的作用占到67%，成为决定人们对商品好恶的重要因素。

现在，色彩营销战略已被广大商家重视，很多商家都认识到色彩具有低成本高附加值的功效。据国际流行色协会调查数据：在不增加成本的基础上，通过改变颜色的设计，可以给产品带来10%～25%的附加值。不仅产品本身及包装可充分利用色彩来提升价值，而且色彩还可以成为企业形象识别的核心理念，如绿色的"鳄鱼"、红黄对比的"麦当劳"等。看看近些年的创新营销事例，无不与色彩有关，从手机、家电到汽车行业，色彩营销正在从边缘走向主流，从外围走向核心，成为差异化营销的第一选择。

商品色彩战略是现代商品生产发展和商品竞赛的结果，也是在商品生产发展的不同阶段中逐步形成和深化的。企业产品进入市场后就成为商品。一般来说，虽然商品的寿命有长有短，但任何商品都有盛衰期。按照产品的发展阶段来划分，产品的生命可以分为初生期、成长期、稳定期、成熟期、过熟期和衰退期。在产品的不同阶段所采用的色彩设计策略是有所不同的（表1-6）。在初生期和成长期，配色主要突出产品的功能性特点，形象要明晰，易于被接受辨认，这样有助于扩大产品的认知度；在成熟期和衰退期，色彩设计应采取挖掘市场潜力的策略，可以用修改色彩体系的方式延长产品线，如增加色彩设计方案、采用流行色等方式。

表1-6 产品发展与色彩策略

	初生期	成长期	稳定期	成熟期	过熟期	衰退期
产品的发展	性能第一	差别化 专门化 复杂化	多样化	细分化 个性化	新的认知和技术	
设计的发展	黑色和无彩色系列的和材料本身的颜色，更看重产品的性能	对设计的认识，采用能强烈地体现出产品存在的基色	多样的设计样式，把多种形象用多种颜色和外形表现出来	多样化的形象、个性的形象、融合嗜好的形象和流行意识	开始表现出文化、风土与环境等地域性因素与品牌形象	旧产品的衰退和新产品的投入
色彩	材料本身的颜色	红色、黄色、蓝色等基本色	多样的色调和色彩	色彩的搭配和时代感	色彩的多样与个性	

1.4.2 商品色彩形象

在商业经营上，商品色彩对商品的推销和出售起着不可忽视的作用。现代商品的外观美，除了造型美，更重要的就是色彩和谐美。色彩的和谐美，不管人们是否意识到，都会给他们的心理和生理上带来不同的感受。这是因为，色彩在人的心理上的表现作用是以联想为基础的，而联想则来源于人们的生活经验。

通常用于商品的色调大约有24个，然而，一种商品不可能选用24个色调，因为让消费者从如此多的色调中选取中意的商品无疑会增加他们的负担。从生产费用、库存及店铺面积来考虑，也应以选用少量色调为宜。

那么，商品选用什么样的色彩才能做到既保持较少的数量又能满足消费者的需求？要达到这一目的，首先必须分析被人们喜爱而选取的色彩所属的范围，查清偏爱某色调的人是否有相应的偏爱范围。

实验心理学表明，人在不同年龄段对色彩有不同的喜好，性别不同对色彩的选择也不同。随着年龄的增长，人们的色彩喜好也从鲜艳的纯色向间色与复色过渡：婴幼儿期多喜爱高饱和度、高亮度的纯色及轻快的色调，如粉红色、粉绿色、蓝色；老年人喜欢沉着、稳重的色彩，如灰色、深蓝色、紫色等；受过良好教育及对色彩表现有丰富经验的人多喜爱淡色与低亮度色。由于性别不同，人们的色彩喜好也存在很大的差异性：如一部手机的颜色，女性消费者多会选择深红色，而不会过多关注黑色手机；但男性消费者却有着与女性消费者截然不同的颜色观，黑色和蓝色成为他们最认同的颜色。除了年龄、性别、教育程度、宗教信仰、体型特征、收入等各种因素同样微妙地影响着人的色彩嗜好。

例如，美国Ziba设计公司为FedEx设计了整套物流服务系统，针对它的品牌和企业形象脱节、杂乱无章的店面、随意弃置的包裹、物流人员的疲惫等问题，从产品形态、功能、色彩、材质等方面结合物流服务行业的特殊性来表达FedEx的"速度""活力""安全"的经营理念（图1-70）。

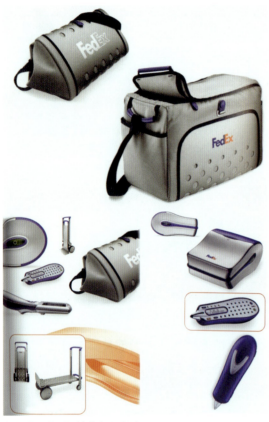

图1-70　FedEx快递产品系列

色彩是一种语言。产品造型的魅力、产品的性格及其所包含的视觉传达方面的各类信息，大半是由色彩来完成的。经验丰富的设计师往往能利用色彩心理，通过色彩联想，来实现产品营销的目的。无论是家电产品、私人汽车还是其他产品，色彩已成为产品设计成功与否的关键因素之一。

1.4.3　企业色彩形象

企业指定某种特定色彩或一组色彩系统，运用于该企业所有视觉传达设计的媒体中，并通过这种色彩所制造的知觉刺激与心理反应，以突出该企业的经营理念或产品的内容特质，这种特定的色彩称为企业的色彩形象，即企业的标准色。

在当今发达的信息传播时代，色彩形象越来越受到企业的重视：一是因为色彩的形象性比较明确醒目；二是通过色彩企业可以表达自己的经营理念和情感。例如，红黑色的"中国石化"、红色的"可口可乐"、蓝色的"百事可乐"等，无不给人以强烈的印象（图1-71）。

图1-71　部分不同企业的LOGO

又如，东风标致汽车有限公司自成立以来，秉承"美感、可靠、活力、创新"的品牌理念，对企业形象的应用非常统一，在企业4S店、主打车型、展台、展会布置等方面统一规范应用了以蓝色结合雄狮作为企业品牌精神象征的企业标志和标准色。蓝色代表了一个追求高质量无止境的制造企业，雄狮标识把企业与猫科动物所代表的灵活、力量和秀美等特质紧密地联系起来（图1-72）。

除了以上色系，黑色也是企业形象中应用较多的色彩。黑色与权力、优雅、拘谨、死亡、魔鬼和神秘相关联。黑色也有力量和权威的意思，被认为是非常正式、优雅和威严的颜色。喜欢黑色的人表明想要显得与众不同，黑色还具有个性化、时尚感，带有科技的意象。许多科技产品的用色，如电视机、跑车、摄影机、音响、仪器的色彩，大多采用黑色。生活用品和服饰设计大多利用黑色来塑造高贵的形象，黑色也是一种永远流行的主要颜色，适合和许多色彩做搭配。

1.4.4 企业色彩战略

企业的色彩形象是企业色彩战略的具体体现。企业色彩战略是企业各种战略中最具视觉化、最廉价的一种战略。

在20世纪30年代，福特汽车是有名的黑色T型车（图1-73）。而追赶福特汽车公司的通用汽车公司在车的外观造型及颜色上狠下功夫，使之多样化，从而成功地满足了广大消费者的要求。当时，福特汽车的创始人亨利·福特并没有意识到普通大众对汽车需求的变化。普通大众已被新款的通用汽车造型和色彩吸引，他们愿意并且也能买

图1-72 东风标致企业标准色的应用

在企业形象的应用中，不同的颜色适用于不同的行业领域，具体参照表1-7。

表1-7 不同行业适用的不同色系

色彩	红色系	橙色系	黄色系	绿色系	蓝色系	紫色系
适用行业	食品 石化 交通 药品 金融 百货 酒品 体育用品	食品 石化 药品 建筑 百货	金融 化工 照明 食品	金融 林牧 蔬果 建筑 旅游	交通 金融 化工 药品 电子 饮水 体育用品	服装 出版 化妆品

图1-73 亨利·福特和他的T型车

得起这样的车,他们对样式千篇一律、便宜的T型车开始不感兴趣。亨利·福特早在1912年说过:"如果有人问我你喜欢什么颜色?我的回答是'唯有黑色'。"这句众所周知的话,透析了福特T型车成功与它最后衰败的原因。

品牌战略是企业发展战略的一个重要内容,它既是一种概念,又是一种象征。企业和商家通过建立品牌开拓市场获取利润,消费者通过接触品牌寻找能使他们生活得更好的那些物品。但不能忽略的是,品牌的原点及其所代表的是某种产品和服务的全部。企业色彩战略通过把色彩与品牌定位、色彩和营销活动结合起来,一方面可以了解并分析目标市场消费者由于受色彩刺激的反映而形成的色彩偏好;另一方面,可以掌握和分析因色彩联想所形成的差异性及趋同性;在此基础上,将各种色彩组合策略在遵循品牌定位的情况下,运用于企业形象策划、产品、包装、卖场终端、活动推广等营销活动中,以满足目标市场消费者的生理性需求和心理性需求,实现需求、色彩、产品三者的有机结合,从而达到突出品牌形象、增加销售、强大品牌的目标。

1. 色彩战略的原则
企业的色彩战略的开展和形成有一定的原则可循,主要有以下3个方面。

(1) 必须基于塑造企业形象的考虑,根据企业经营理念或产品的内容特质,选择适合表现其突出概念和关键词的色彩。其中,尤其要以表现企业的安定性、信赖感、成长性、生产技术性、产品的优异性为前提,以期达到通过色彩间接的表现来塑造企业良好形象的目的。例如,石油企业经常用红色和黄色作为标识色彩,来体现石油和天然气的行业特点,色彩鲜艳,识别性高。

企业选择"标准色"的目的就是要展示企业独特形象,建立品牌,培养企业忠实的顾客群,因此企业在选择"标准色"时首先要了解目标顾客的色彩偏好。例如可口可乐公司,由于其目标顾客主要针对年轻的消费群体,因此代表活跃的红色和明快的白色便成了企业的标准色。除此之外,要结合企业自身的文化特征,打造出企业独有的文化色彩特征。企业由于在长期的发展、企业与企业之间在产品性质、行业地位、公司的目标、领导人的风格及企业管理体制等各方面存在差异性,所形成的组织文化各有特色,因此企业的"标准色"的选择要和企业独特的文化相吻合。

(2) 主要是基于企业经营战略的考虑,以扩大企业之间的差异性,选择与众不同的色彩,以期达到较佳的企业识别的目的。其中,应该以使用频率最高的传播媒体或视觉符号为标准,使其充分表现这一特定的色彩,造成条件反射的效果。例如郑州是中原交通枢纽,区域内商战非常激烈,早期的各大百货零售商场也打色彩战,集中体现在员工制服的颜色选用上:郑州老牌本土企业亚细亚商场选用湖蓝色,商城大厦选用翠绿色,紫荆山百货大楼选用邮差绿,市百货大楼选用藏青色,商业大厦则选用橘黄色,后开业的华联商厦也在制服色彩上动脑筋,经过比较挑选,最终选择浅青莲为制服色彩。在现在的商战中,可通过企业全方位的色彩设计与其他企业制造差别化,来提高市场竞争力。

企业的标准色分为几种:一是单色标准色。单色标准色是指企业只指定一种颜色作为企业的标准色。单色标准色具有集中、强烈的视觉效果，方便传播，容易记忆，是最常见的企业标准色形式。二是复合标准色。许多企业采用两种以上的色彩搭配，来追求色彩的组合效果。复合标准色不仅能增强色彩的韵律和美感，而且能更好地传达企业的有关信息。三是多色系统标准色。多色系统标准色一般选择一种色彩为企业的标准色，再配以多个辅助色彩。多色系统标准色的主次或主辅关系是为了表达企业集团母子公司各自的身份和关系，或者表示企业内部各个事业部门或品牌、产品的分类。色彩通过系统化条件下的差别性，可产生独特的识别特征。企业选择什么样的标准色结构，应该根据企业的文化传统、历史、形象战略、经营理念等因素来定，但基本的原则应该是：突出企业风格，体现企业的性质、宗旨和经营方针；通过制造差别，展示企业的独特个性，并能与消费者心理相吻合；迎合国际化的潮流。

（3）还要基于成本与技术的考虑，为了能使企业的标准色既能准确再现又方便管理，应该尽量选择理想的印刷技术和合理的分色制版方法，使之达到与标准色统一化的色彩。另外，避免选用特殊色彩或多色印刷，以免增加不必要的制作成本。

2．色彩战略的运作步骤

（1）调研竞品色彩。分析同行业的惯用色，对用于同行业竞争的色彩都有必要加以收集，并进行某种评价、统计与整理。分析对象应以各公司的企业色彩为主，对商品的宣传色、包装色、商品自身的色、服务行业等，以及竞争企业在店内外的装饰色，都要进行细致的调查。对于色彩环境分析中所收集的配色例子，应就注目性、流行性、未来性等方面进行分析、测定。

（2）调研用户需求。只有了解生产市场上流行的产品，才可以使企业有的放矢，所以第一步是了解消费者需要什么样的商品。要恰当地运用色彩，就要了解对于特定的产品，消费者是需要产品本身还是产品提供者营造的色彩传达出的信息、情感符合消费者的购买期望。

（3）设定商品形象。明确商品的消费对象和企业产品的战略地位以后，要根据所调查和收集到的有关时代潮流、其他相关商品的用途、客户的嗜好等信息来设定商品形象，使之符合消费者的需要。

（4）确定色彩形象。运用色彩理论，结合消费者需要商品色彩给予他们的感觉，考虑色彩的组合问题、包装的色彩、商品本身的造型、材料和图案等，选定具体的颜色。这也是色彩品牌战略中决定胜负的关键。同一家企业会推出不同的产品，出现不同的造型、图案等，但某一具体颜色会成为所有商品的基色，代表企业的形象。例如，以红色为企业标准色，采用红蓝标志的双汇集团是以肉类加工为主的大型食品集团，由于产品种类繁多，便根据不同的商品群采用了红、黄、橙色的包装，体现了坚持自主创新的企业理念。在色彩的运用上，还应注意色彩受性别、年龄、文化因素的影响也比较大，要了解色彩的联想和含义是丰富不定的。

（5）展开销售计划。光把色彩涂在产品或其他地方并非色彩品牌策略，应让消费者接触他们所喜欢的色彩，接受用色彩装点的高情感产品，进而建立对产品提供者的认知。销售计划的实施要能给顾客以深刻的印象，其成功运作要借助于商品本身、包装、广告、宣传资料、说明书、商品陈列等色彩形象策略。

(6) 建立信息管理系统。企业在经营中收集、形成各种市场、顾客资料，经分析整理后作为制定营销策略的依据，分析出市场的色彩使用情况，并对未来流行色做出预测。在收集资料后，通过数据的分组和统计，掌握"哪种产品最好卖""为什么好卖"和"哪种颜色最受欢迎"等要点，验证色彩品牌策略的运用成功与否，同时建立商务信息资料系统，利用色彩设计积累的资料，更有效地为下一种产品或下一轮色彩品牌策略提供帮助。例如，通过长年对中国消费者的调研，郑州日产已总结出许多实用性经验。在汽车作为越野、多功能商用用途的产品领域，中国消费者已可以接受丰富的色彩和图案。色彩因素是PALADIN多功能越野车最重要的市场竞争力，其橙、黑、银色彩的搭配产生了巨大的视觉冲击力和动感时尚，以及安全可靠的越野性能。这种强大的"色彩差异"让消费者在第一眼看到它时就会产生怦然心动的感觉（图1-74）。

图1-74 郑州日产PALADIN多功能越野车的时尚色彩（资料来源：摘自郑州日产官网）

1.5 配色法则

【色彩调和示例】

1.5.1 色彩调和

1. 色彩调和手法

色彩调和是指色彩之间具有明显的同一性，或表现为不带强烈、尖锐的刺激性，能给人以和谐、温柔、雅致的感觉。色彩调和的实现可采用以下9种手法。

（1）无色彩的调和。黑、白、灰之间因无色相、纯度之分，仅存在明度上的差别，因此两色并置，容易调和。

（2）同色相的调和。尽管存在明度和纯度上的对比关系，但两色因源自同一色相，因此也有调和感，如深蓝和湖蓝是调和的。

（3）同明度的调和。明度相同，色相、纯度不同的色彩也可以调和，如浅黄与浅蓝可以调和。但是，同明度的两个高纯度色并置，则过于刺激，不宜调和。

（4）同纯度的调和。纯度相同，色相、明度不同的色彩也可以调和，但高纯度的两色不宜调和。例如，暗红与暗绿可以调和，但纯红与纯绿则不宜调和。

（5）无彩色与有彩色的调和。黑、白、灰与所有有彩色并置，都容易调和。

（6）邻近色的调和。在色相环上的任一色彩，都能与其邻近色相调和，如红与橙、红与紫、蓝与绿、蓝与紫等，都可以调和（图1-75）。

图1-75　邻近色调和

（7）混入白色或黑色后的调和。两色分别渗入白色或黑色后，因纯度相对同时降低，容易调和。

（8）面积、位置、形状的调和。两色的面积越大，调和效果越差；反之，则调和效果越好。两色的面积相差大，则容易调和，此时，明度、纯度高的强色宜用于小面积，明度、纯度低的弱色宜用于大面积（图1-76）。两色以点状、线状或网状分布时，调和效果优于色块状分布。

图1-76　黄色与紫色面积的调和

（9）加缓冲色带后的调和。若两色对比较强烈，可以在二者之间加一缓冲间隔色带，作为间隔用的色彩应是两种对比色的中间色彩，或黑、白、灰类无彩色，或光泽色。经间隔色带的阶梯过渡作用后，对比较强的两色能达到调和。

2．配色技法

（1）一彩色与两个无彩色的调和。任何一个色相环上的有彩色与两个无彩色（黑、白或灰）搭配都可以得到调和且对比的效果（图1-77）。

（2）两彩色与一个无彩色的调和。用一个无彩色（黑、白或灰）与色相环上的任何两个有彩色（互补色、对比色或邻近色都可）搭配都可以得到调和且对比的效果（图1-78）。

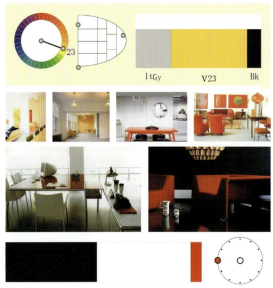

图1-77　一彩色与两个无彩色的调和

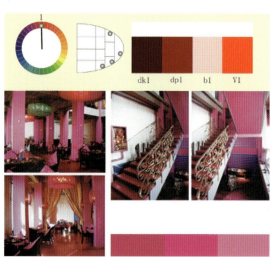

图1-79　不同色调同一彩色的调和

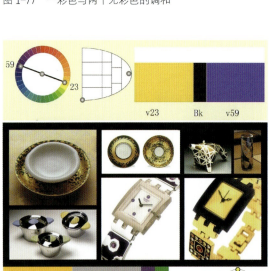

图1-78　两彩色与一个无彩色的调和

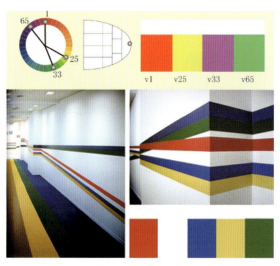

图1-80　鲜的四彩色的调和

（3）不同色调同一彩色的调和。色相环上任何一个有彩色改变其明度或纯度就可以得到一组色调统一且变化的效果（图1-79）。

（4）鲜的四彩色的调和。在色立体的一个等级上的纯度和明度较高的4个有彩色在一起搭配会给人最强的视觉冲击力，以各种鲜艳色为主色调时装饰感均十分显著（图1-80）。

（5）浅的4个对比色的调和。在色立体一个等级上的高明度的4个对比色（色相环180°角的色相）的搭配，给人以个性不强却亲和力很强的感觉（图1-81）。

（6）深的4个对比色的调和。在色立体一个等级上的低明度的4个对比色（色相环180°角的色相）的搭配，给人以热烈且浪漫的特点（图1-82）。

图 1-81　浅的 4 个对比色的调和

图 1-82　深的 4 个对比色的调和

（7）同彩度不同明度的三彩色的调和。纯度相同、明度不同的 3 个有彩色的搭配，可以得到一组色调统一且变化的效果（图 1-83）。

（8）同明度不同彩度的三彩色的调和。明度相同、纯度不同的 3 个有彩色的搭配，可以营造清新亮丽、轻松愉快的效果（图 1-84）。

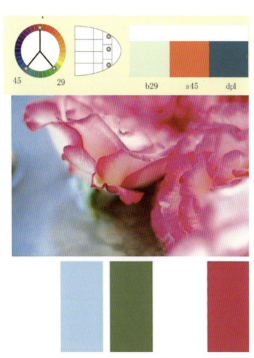

图 1-83　同彩度不同明度的三彩色的调和

图 1-84　同明度不同彩度的三彩色的调和

(9) 同明度不同彩度的同一色彩的调和。明度相同、纯度不同的一个有彩色的变化，表现出一个有彩色从浊到纯的变化，这属于同色调的搭配，色彩统一感很强（图1-85）。

(10) 同彩度不同明度的同一色彩的调和。纯度相同、明度不同的一个有彩色的变化，表现出一个有彩色从深到浅的变化，这也属于同色调的搭配，呈现出色调统一且变化的效果（图1-86）。

3. 配色方法

(1) 双色配色法。凡通过色相环中心形成的两个相对的互补色，都可以组成对比且调和的色彩组合（图1-87）。

(2) 三色配色法。凡在色相环上构成正三角形或等腰三角形的3个点上的色彩，都可以组成具有对比关系的调和色（图1-88）。

(3) 四色配色法。凡在色相环上构成正方形、长方形或者梯形的4个点上的色彩，都可以组成具有对比且调和的色相（图1-89）。

图1-85　同明度不同彩度的同一色彩的调和

图1-86　同彩度不同明度的同一色彩的调和

图1-87　双色配色法

图 1-88 三色配色法

(4) 五色配色法。凡在色相环上构成五边形的 5 个点上的色彩，都可以组成具有对比且调和的色相；凡在色相环上构成正三角形或等腰三角形的 3 个点上的色彩和黑、白两色都可以组成具有对比且调和的色相（图 1-90）。

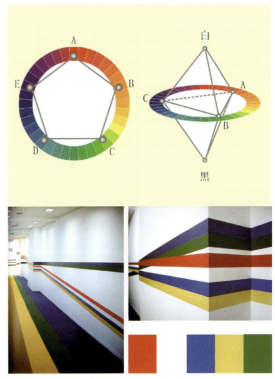

图 1-90 五色配色法

(5) 六色配色法。凡在色相环上构成正六边形的 5 个点上的色彩，都可以组成对比且调和的色相；凡在色相环上构成正方形、长方形或梯形的 4 个点上的色彩和黑、白两色都可以组成对比且调和的色相（图 1-91）。

图 1-89 四色配色法

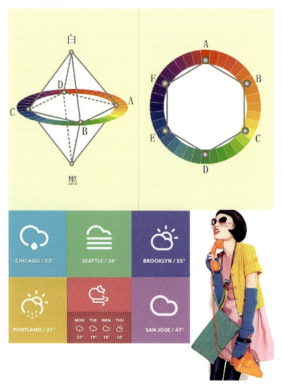

图 1-91　六色配色法

1.5.2　色彩设计步骤

1. 确定功能

在进行色彩搭配设计时，确定对象的主要功能是最重要的，在明确功能后对色调的筛选会有一个大的方向，也会依此将局部的细节变化与整体的和谐统一相融合。

2. 确定主题

主题是配色的中心，它负载着使用者的性别、喜好、年龄、教育背景及民族信仰等。主题的确立将成为确定产品色彩和风格的依据。

3. 流行趋势

在色彩设计中，流行趋势是表现时尚的一种手段，它包括色彩和造型两方面的内容。如果要加入一些流行元素，最重要的是考虑对象的最终功能和主题可否与要使用的流行元素兼容。

4. 制定色调

色调是在明确产品功能、明确设计主题后为对象选择的一种大的基调，其属性将决定其他颜色的选择。

5. 选择色彩

这一环节是在大的基调确定之后，即选择适合对象整体色彩基调的一组色彩组合。它包括用色面积最大的主要色彩、用色面积次之的辅助色彩，以及用以突出和强调主题的点缀色彩，其间在选择色彩的同时还要考虑结构或装饰风格。

（1）选择主调色彩。在色彩设计中，经过资料收集、调查、分析之后，确定对象的色彩意象，根据色彩意象考虑选择什么样的色彩才能表现所要的意象，如浪漫的感觉可用淡色调，成熟、稳重的感觉可用浊色调，新潮、时尚的感觉可用鲜色调等。根据主色调，定下最有优势的主调色，即主宰色。

（2）选择辅助色彩。按色彩调和的配色方法，同时考虑对象的体积、色彩图案面积的比例、材质等因素，利用色票或色样并置排列，多方衡量后选择出几种最佳搭配的辅助色，即搭配色。

例如，图 1-92 所示这款手指血氧仪选用了以代表医疗器械行业特征的白色为大面积的主色调，以橙色、紫色、绿色等小面积的有彩色为辅助色，体现了该产品生活化的定位。

（3）选择点缀色彩。在对象上，一般主导色的面积最大，也可能是配色的底色。根据调和的配色方法选择的辅助色和主导色的配色效果可能有点平淡，若配一些点缀色，强调一下重点部位，也可使整个对象的配色效果丰富生动（图 1-93）。

图1-92　手指血氧仪

图1-93　白色的按键和LOGO成为录音机的点缀色

（4）试彩与修正。将前面阶段选择的各配色方案，在相同的材料表面或模型上试彩，以探讨实际上色彩配色在对象上的视觉效果，或调配出所选色样，供分析与修正使用。改变效果不好的色彩搭配、修正色彩搭配的面积比例，或修正图案纹理以配合色彩效果，之后重新设计色彩。

（5）色彩设计效果的测试与评价。根据最后选定的色彩样本，进行心理、生理和物理方面的测试与评价，以确定色彩样本是否符合所要表现的对象形象。测试和评价的具体内容包括：一是色彩具象、抽象的联想，以及色彩嗜好、色彩意象等心理方面的内容；二是色彩诱目性、视认性等生理方面的内容；三是色彩实施的技术性、材料性、经济性等物理方面的内容。在此基础上，重新设计色彩。

思考题

（1）中国古代五行思想的色彩观是什么？
（2）儒家色彩观和道家色彩观有什么区别？
（3）中国民间色彩艺术特征是什么？
（4）欧洲中世纪色彩有哪些代表风格？
（5）色彩体系有哪几种？如何解读NCS色彩体系中的1050Y90R色彩标号？
（6）RGB色彩模式和CMYK色彩模式的区别是什么？
（7）常用的色彩设计工具有哪些？
（8）影响色彩心理效应的因素有哪些？
（9）色彩设计前应注意哪几个方面？
（10）简述色彩搭配的主要步骤。

实践题

（1）选择某款汽车，使用测色仪对其外饰色进行色彩测量，制作完成色彩图谱并撰写实验报告。
（2）选择国内某汽车企业，分析该企业的标志、汽车产品、广告、网站、展会、建筑（4S店）等色彩设计及运用的优劣，完成一份调研分析报告，并对分析内容进行系统的色彩规划与设计。

第 2 章 汽车色彩设计

学习目标
(1) 通过对汽车色彩设计知识的学习,了解汽车色彩的历史发展脉络、影响其发展的相关因素,理解汽车色彩设计的基本概念、汽车色彩的文化内涵和文化价值,掌握汽车色彩设计的设计原则、设计内容和方法。
(2) 具备汽车色彩设计相关的理论知识,能把握正确的汽车色彩设计方向并进行科学的汽车色彩设计应用。

本章要点
(1) 汽车色彩设计原则。
(2) 汽车色彩设计内容。
(3) 汽车色彩设计方法。

2.1 汽车色彩

2.1.1 汽车的分类

根据我国对汽车的标准定义可知,"汽车"(Motor Vehicle)是由动力驱动,具有4个及以上车轮的非轨道承载的车辆,主要用于载运人员和(或)货物、牵引载运人员和(或)货物的车辆、特殊用途。

参照德国轿车分类标准,一般将轿车分为微型车、小型车(经济型车)、大型车(豪华型车)、特种车、小型货车、越野车、皮卡、商用货车等(图2-1)。

图2-1 汽车车型分类(资料来源:H-Point,Design Studio Press)

2.1.2 汽车色彩的定义及构成

1. 汽车色彩的定义

汽车色彩是汽车造型的元素之一,也是汽车商品形象的一项重要指标。汽车色彩包括车身外表的油漆颜色和内饰各种材料的颜色。当车身内部乘坐环境及汽车外表与环境色彩达到协调时,就能给乘客及行人以美的感受。汽车色彩最主要的作用就是装饰性,最大限度地表现整车设计时想要表达的设计风格。传统的汽车色彩,其作用就是实现颜色设计时各种各样的色彩和图案,提高汽车的装饰性,并增加客户对颜色的可选择性。

2. 汽车色彩的构成

汽车色彩主要包括车身外饰色彩和内饰色彩。车身的外饰色彩主要指的是汽车的车漆。车漆是一种由成膜物质、颜料、溶剂和添加剂这4种基本成分组成的涂料。车漆从内到外分别为底漆、中涂漆、色漆(面漆)和清漆(图2-2)。汽车的色彩主要是由色漆体现出来的。

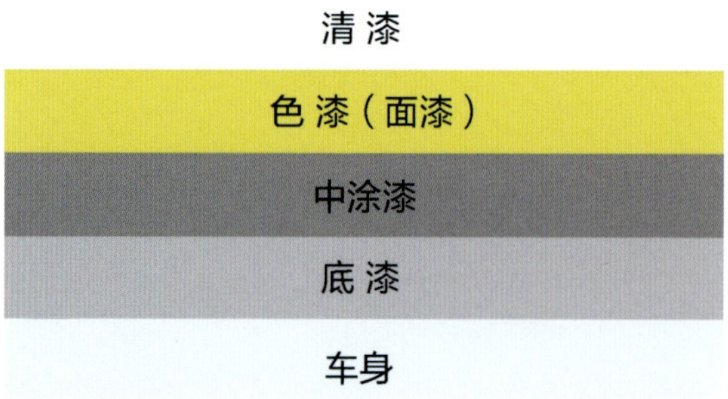

图2-2 汽车车漆色彩的构成

(1)底漆。用在汽车金属表面的那一层坚实、稳定、平整的漆面就是底漆。底漆可以使得金属车身防锈,并在一定程度上为色漆(面漆)的喷涂奠定良好的基础。底漆一般以黑、白、灰3种颜色为主。

(2)中涂漆。为了使得底漆和色漆（面漆）更好地融合，二者之间通常涂一层中涂漆。中涂漆使得底漆的表层更加平滑，减少了其表面的粗糙程度，为底漆和色漆（面漆）的有机结合创造的更佳的环境条件。除此之外，中涂漆具有一定的保护作用，进一步对底漆进行填充，防止底漆存在缝隙而使得色漆（面漆）咬起。

(3)色漆（面漆）。色漆（面漆）的存在使得车身变得更加美观。色漆（面漆）在第三层，用来加以装饰，使车身变得更有色彩感和光泽度，颜色更加鲜艳，视觉效果更佳。

市场上有3种色漆（面漆）比较流行：普通漆、金属漆和珠光漆。普通漆是最大众化和作用最广泛的车漆，是基本的车漆，其主要是由树脂、颜料和各种添加剂化合而成。应用最普遍的普通漆是白漆、黄漆和红漆。普通漆的漆面硬度相对较软，容易刮伤（图2-3）。

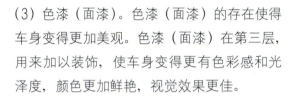

图2-3　沃尔沃X90冰雪白普通漆

金属漆又叫金属闪光漆，通常在漆基中加入铝粉和铜粉等金属粉末，因此在光线比较好的情况下总是能看到金属漆闪闪发光。有了金属成分后的车漆硬度增加，漆面相对不易刮伤，因此金属漆优良的特性也赢得了许多消费者的青睐（图2-4）。

图2-4　大众TOUAREG深灰色金属漆

珠光漆是3种色漆（面漆）中最高端的一种，其在合成材料中加入了一种薄片物质，即云母粒，这使得它的性能和光泽度也更加优越。从不同的角度看，珠光漆具有不同的颜色，给人一种五光十色的感觉。珠光漆通常情况下都用在豪华型车上，但其缺陷就是修补工作比较烦琐，并且涂漆的成本也比较高（图2-5）。

图2-5　奥迪A7红石榴珠光漆

(4)清漆。清漆是一种没有颜色，但是色泽和反光度等性能良好的车漆，通常涂在汽车的最外层。其主要作用有两个：一是对车身外部具有一定的保护作用；二是增加车身的亮度和色泽。

2.1.3　汽车色彩的命名

1.用地名命名

用地名命名是奥迪给颜色命名的一种传统，

因为地名与被修饰的颜色语素有着十分密切的关系。奥迪通常以地名或赛道来指称汽车的颜色，选取地点特征物的颜色，使得汽车颜色词更具有专属性，如阿玛菲白、萨摩亚橙（图2-6）、爪哇绿（图2-7）、维加斯黄、哈瓦那黑，还有专门为中国市场设计的海南蓝（图2-8）等。其中，阿玛菲白源于意大利旅游城市阿玛菲海岸上的房屋颜色；萨摩亚橙则源自太平洋中部萨摩亚群岛上一种橙色外壳的椰子；爪哇绿可以使人联想到爪哇岛上的热带风情，那片生机勃勃的绿色，还有当地美丽的绿孔雀。

2. 用自然或实物命名

用自然或实物命名，可用具体可感知的事物表现空洞抽象的颜色，如旋风黑、冰川白、月光蓝、龙卷风灰、季风灰、天云灰、火山红等；也可用生动鲜活的动物来渲染气氛，营造梦幻色彩，如孔雀蓝、白鲸棕、向日葵黄、珊瑚橙、斑羚米、石榴红、柚木棕、罗兰紫、莲花灰、美洲豹黑（图2-9）、玫瑰红、檀木黑、朱鹭白等；还有用宝石来命名的颜色，如水晶银、宝石蓝、钻石米、水晶白等。

图 2-6　萨摩亚橙（奥迪A3 Sportback）

图 2-7　爪哇绿（奥迪A1 Sportback）

图 2-8　海南蓝（奥迪A3 Limousine）

图 2-9　美洲豹黑（奥迪RS6 Avant）

3. 用抽象名词或气质命名

用抽象名词命名，虽然不切实际，但是十分独特。这类名词代表的只是某种色彩的共同使用者，仅仅因为这些色彩使用者形成了有共同特点的社会集团，并且他们的社会身份固定、人数较多，久而久之其共同使用的某种色彩便被人们赋予了某种特定的含义，成为一种"标志色"，如魔力黑、幻影黑、炫目红、传奇黑、探戈红、乌托邦蓝等。有些汽车用车的气质来命名，如林肯的理性黑、马自达的仙踪绿、大众的惬意棕、哈弗的睿智棕（图2-10）等，这种命名带有表述心理状态、传达积极情绪的性质。

图2-10　哈弗的睿智棕

2.1.4　汽车色彩的变迁

汽车的原色可分为基本色和流行色。基本色是市场需求基本不变的重要颜色，它们仅受到新材料的和新技术应用的影响而稳步发展。流行色根据时势而变，汽车流行色有其自身的发展规律。新鲜感是流行色彩的原动力，如果总是感受同样的色彩，人们就需要新的刺激。大量的资料表明，汽车的流行色彩呈现周期性的变化，其新鲜感周期大约是1.5年，交替周期大约是3.5年。

以日本汽车色彩的变迁为例：1963年开始，在中型车中增加了金属色；1965年，盛行蓝色、灰色和银色汽车；1968年，黄色汽车迅速增多；1970年，黄色汽车又急剧减少，而橄榄色和褐色汽车逐渐增多；1973年，汽车色彩以白色、银白色和灰色为主，浅茶色、褐色、橄榄色、绿色等颜色开始流行；1977年，褐色汽车最受欢迎；1977年开始，白色汽车开始增加。

20世纪80年代，由于批量生产效果和成本降低，汽车色彩表现手段更加个性化。20世纪80年代初，鲜红色的两厢车最受欢迎，这是象征着"休闲、女性"的颜色；1982年，白色汽车占到总数的一半多，1985—1986年白色汽车数量达到最高峰，每4辆汽车就有3辆是白色的；白色从1987年开始减少，进入20世纪90年代急剧下降；1989年，丰田在Lexus LS400上采用深绿色，在日本市场的占有率超过50%，在北美也引发了深绿热潮。

20世纪90年代，黑色汽车销量增多；20世纪90年代后半期，比白色更实用的银白色开始畅销；粉红色是2000年汽车的时尚色彩；2002年，日产的Nissan March以混合色彩的理念进行色彩设计，将橙色和内饰色彩红褐色进行搭配，呈现出时尚感很强的色彩。

进入21世纪，汽车色彩已经实现个性化定制，消费者可以从上百种外饰色彩和内饰色彩中进行自由组合。根据计算机的演示，消费者可以一边听着色彩顾问的建议，一边尝试着自己搭配色彩，直到选择到满意的色彩。

2.1.5　汽车色彩的趋势

全球汽车色彩趋势大体上可以做到统一，但细分到各个国家或地区，又有着区域特色的趋势。所以，对于众多汽车企业来说，如何针对销售区域进行专属色彩设计，对区域的汽车销量与市场认知的影响是非常大的。

欧美和日本一些汽车公司设立了大型的汽车颜色设计科研中心，这些机构除了在世界各国建立汽车颜色的信息调查反馈队伍、收集市场情报，还广泛地了解各地消费者对汽车颜色的反馈和需求，从而做出反应。例如，全球著名的汽车涂料厂商杜邦公司、PPG汽车涂料公司、巴斯夫涂料公司等每年都会发布一次关于汽车色彩的流行报告，该报告对全球各地区的汽车色彩发展趋势有着深入研究和见解，成为汽车行业分析各类型汽车颜色的流行趋势及世界各地消费者对汽车颜色喜好的重要参考。

在2021年全球汽车原厂漆颜色中，白、黑、灰、银这些非彩色系仍是最受全球市场欢迎的汽车车身颜色，白色占比37%（其中29%为纯白、8%为珍珠白）；而在色彩系中，蓝色继续领衔，红色持续上升，受环保心态和时尚流行趋势等影响，绿色崭露头角。

在2021年中国乘用车车身色彩中，白色的市场份额正在下跌，灰色与黑色大幅上升，尤其是在SUV市场，黑、灰是彰显豪华尊贵的主打颜色。蓝色与红色是最受欢迎的彩色，而绿色正在展现超越流行的独特生命力。此外，越小的车型越爱用彩色，新能源车型也偏爱用年轻、时尚感的色彩。

受人工智能（Artificial Intelligence，AI）的启迪，巴斯夫涂料公司推出《2023—2024汽车色彩趋势报告：沃路得转变》。与以往相比，沃路得转变系列一反常态，以浅色调为主，在满足视觉和触觉感官的同时，更加注重色彩的可持续性和功能性，以及色彩的实际应用。巴斯夫汽车色彩趋势赋予客户车身以色彩灵感，最新的色彩系列或其中的部分色彩将成为今后3～5年市场上车型的主流色彩之选。

在不同的区域市场，色彩趋势各有不同。为了满足亚太市场车主日益增长的个性化需求，巴斯夫亚太市场的设计师丰富了白色和灰色这两个重要的色域空间，微闪的淡绿色和荧光红等新色调带来全新视觉体验，展示了可持续材料、工艺、理念和效果在现实中的运用。随着增强现实（Augmented Reality，AR）设备的普及，人类的视觉层级也将有所增加，既能看到真实世界，又能通过AR技术与发光信号看到虚拟世界。例如，亚太市场的代表色——"电柠绿"捕捉并放大了这些信号，在浅绿色的基础上，增加了荧光效果，并伴有清透的蓝色高光（图2-11）。

图2-11 亚太市场的代表色"电柠绿"

欧洲、中东和非洲市场以明亮的米色为主，与此同时，淡彩色也扮演着重要的角色。这些区域市场的色彩不仅仅局限于色彩本身，它们还与可持续、回收再生原材料、激光雷达及雷达兼容、触觉表面等概念融合。欧洲市场的代表色"预言橙"，具有亮眼、温暖的闪烁色调，搭配类似于人类皮肤的亚光触感（图2-12）。将有趣的非汽车色彩引入汽车设计中，凸显了人类在未来世界中扮演的重要作用。

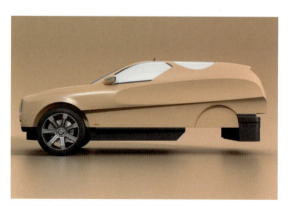

图2-12 欧洲市场的代表色"预言橙"

在美洲市场，汽车色彩则更加乐观、多元，艺术和设计形式不受约束。偏淡和高彩的红色被具有治愈性的黄色和绿色取代，寓意万象更新。基于移动传感概念，新的色彩趋势可以反射太阳光照，达到降温功效。以美洲市场的主要色彩"泽浓蓝"为例，其模仿透明蓝色的中间涂层不含传统着色剂，呈现出晶莹剔透的视觉效果（图2-13），在此基础上，设计师能够更加随心所欲地发挥个性化设计。

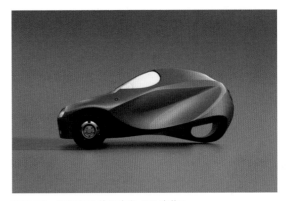

图2-13　美洲市场的代表色"泽浓蓝"

2.2　汽车色彩设计

汽车的色彩设计是对车身外饰油漆色彩和内饰各种材料色彩的协调配合，其主要目的是使车身内部乘坐环境及汽车外表与环境色协调，给驾乘者和道路上的行人留下美的感受。汽车的色彩设计，受顾客需求、价值观、其他产业商品的色彩、潮流信息、样式设计、涂料涂装技术的进步等影响而发生变化。

2.2.1　汽车色彩设计的要求

色彩在汽车造型上给人的感觉最强烈，在设计之初要考虑汽车色彩的主色调。汽车的色彩可分为基本色和流行色两大类：基本色是长期以来市场多数需求、人们比较习惯的颜色，会随着车身所用材料及喷镀技术的变化而有所发展；而流行色则随着人们的意愿、目标市场及时代气息的变化而变化。在家用轿车领域里，流行色的变化更为引人注目。所以，汽车色彩设计要时刻关注汽车产业、家居、时尚、建筑等领域的趋势流行色，并大量收集、分析多个机构的趋势预测，包括PANTONE、WGSN及其他油漆/皮革/面料供应商等，以此作为敲定新车颜色体系的依据。

汽车外饰的色彩设计主要是与大环境相协调，而内饰的色彩设计对于汽车内外饰美学的统一、功能性、安全性及舒适性都会产生一定影响。特种车或专用车的颜色有具体的规定和要求，普通的公务用车和家用轿车的色彩设计需要考虑的问题就更多了。在通常情况下，车身外部颜色与内部颜色不会用到纯度较高的对比色，但是黑色或深蓝色的车身外表配浅色内饰的例子也屡见不鲜。这种色彩搭配希望借此来改变车内拘谨的气氛，营造一种宽松的环境，有利于驾乘者保持愉快的心情。

2.2.2　汽车外饰色彩设计的原则

1. 多样统一原则

汽车色彩的主调是在进行汽车色彩设计时，

首先要考虑的因素。也就是说,需要突出某一种色彩,使之占绝对比重,而其他部分的色彩则围绕这个主调进行变化,从而达到"多样统一"的装饰效果。但是,过分的统一会产生单调、沉闷、平庸的感觉,所以要在统一中适当地加入对比的成分,以起到点缀的作用。

2. 色彩主调原则

在考虑汽车色彩的主调时,还应注意到汽车的用途和级别。例如,轿车大多是单色的,但因级别不同,其色彩会有所差别。大型轿车一般用作商务,宜采用稳重色,如黑色、银色、灰色、深蓝色、墨绿色、香槟色等;中型轿车用色自由度相对较大,一般会根据品牌文化、用户喜好、流行色等进行色彩设计;小型轿车由于体积小,适合采用活跃色以增强体积感,避免沉闷乏味之感。由于轿车的目标消费群体数量庞大,需求也相对多样,生产厂商一般都为其制定了尽可能丰富的颜色。鲜艳、明朗、轻快、时尚的色彩是这个消费群体购车时的首选,也更能体现出车主的个性,如我国的自主品牌奇瑞小蚂蚁就为消费者提供了维C黄、古得白、轻盈青等多种车身配色(图2-14)。

载货汽车因其用途广而不宜使用浅色;客车因体面转折比较简单,色彩的比例划分尤为重要,常常采用双色或三色设计,局部搭配装饰图案(图2-15);军用汽车应采用保护色(迷彩),反之,需要引起交通警觉的工程维修车则应采用鲜明的对比色。

除了车型本身的用途,汽车色彩设计还与地理环境、社会文化息息相关,在设计时还要从感性和理性的双重角度考虑。例如,北方的汽车应采用暖色,南方的汽车应采用冷色。

图 2-14　奇瑞小蚂蚁的车身色彩

图 2-15　客车车身色彩

经常有雾的地区,汽车应采用明度大的色彩。在黄土高原或长期积雪的地方,汽车色彩采用绿色常常能给人以愉快的感觉;而在绿化比较好的城市或绿色原野上,汽车色彩就不宜采用绿色,反而可以采用红色。针对汽车行驶的环境不同,对于道路条件较差、空气污染比较严重的环境,汽车色彩不应该过分追求鲜艳,因为受到污染之后的汽车色彩昏暗、污浊,视觉感受差。面对这样的环境,建议汽车色彩使用较暗的色调,这样可以耐污染。

3. "双色设计"原则

汽车色彩也朝着双色设计发展,如在深色车身上装镀铬或镀金的装饰条,给人以华美的感觉;在浅色车身上采用一抹活泼的饱和色,给人以俏丽的感觉。有些车型由于体面转折比较简单，大平面多，因而更需要注意比例的划分，一般多采用双色设计。在设计时，两种色彩在色相上不应有过强对比，但在明度、纯度和面积等方面可以相差较大，以便分清主次。色相完全相同的色彩，分成不同明度进行配合时，明度应有适当的差别。双色图案的设计规律是：上轻下重（稳定），前轻后重（动感），均齐平衡（图2-16）。

图2-16　汽车外饰双色设计

2.2.3　汽车内饰的色彩设计

【汽车内饰的色彩设计】

汽车外观造型是吸引消费者的"诱饵"，而车辆内部装饰则是套牢消费者的"鱼钩"。不同的材料和形体的结合应更多地从经济、实用、美观等方面出发，不断地推出新的产品，以适应人们迅速变化的审美需求。新型材料的出现为汽车内饰的变化出新打开了崭新的大门，如汽车地板垫、顶棚、座椅、仪表板等都为新材料的展示提供了广阔的舞台。生产厂商需要在汽车内饰的材质和颜色上作出更大努力，尽可能地使内饰与外观相协调，力求外观与触觉的统一，如在汽车车内门饰板上装仿桃木装饰条等。

材料作为色彩的载体，不同材质的颜色会有所不同。同样是黄色，当它附着于柔软而光滑的绸缎上时，表现为闪亮的金色；而当它附着于麻质材料上时，就会表现出暗淡的昏黄色。因此，不同的材质、不同的色彩在经过特殊选择后就会体现出不同的效果，发挥不同的作用。

总体来说，汽车内饰色彩设计要服从汽车整体的主色调。由于车内是驾乘者工作和休息的地方，因此色彩不宜太鲜艳，通常纯度都较低。至于各部分色彩的明度，在通常情况下，顶棚最高，地毯最低，而门内护板和座椅的明度适中。仪表板的材料应采用深暗无光泽的凹凸纹样，以消除刺目的反光。

1. 汽车仪表板的色彩设计

汽车内部造型设计主要体现在仪表板、转向盘、座椅和各种用具，以及车门内饰板等若干部分。在造型上，既要体现整体造型的协调性，又要富于变化，如线条的运用、直线与曲线的呼应和过渡、各种仪表的形状及色彩、仪表上的显示字要鲜明易识别等。为了增加附加值，有些高档车的仪表周围还用到了镀铬圆形环，主要起装饰作用；同时，对仪表的色块进行了分割，使得仪表板看起来不单调、不乏味。

对于汽车内饰的色彩界定可以遵循整体设计、在统一中求变化的原则。但是，出于对安全性及法律法规的要求，仪表板的色彩设计受到限制，大多采用黑色或深灰色。仪表板上部的表面材料要经过腐蚀处理，因此在做内部总布置时需要考虑仪表板表面材料的反光特性。仪表板在消光处理之后，可以采用国际上比较流行的深米色，也可以采用浅褐色。仪表板还可以做成上下分体式，上部依然用深色作主体色,用浅色作辅助装饰(图2-17)。中控台的色彩设计要根据造型的具体需要,对材质的肌理和特性进行适当的选择。中控台可以适当地配一些简单的装饰条,以减少大面积的色彩对比造成的过分均衡,避免驾乘者产生视觉疲劳。

图2-17 汽车仪表板的色彩搭配

2. 汽车内饰面料的色彩设计

汽车内饰面料的色彩设计在汽车色彩设计中具有极其重要的意义。色彩是构成织物的主要因素之一,内饰材料的配色取决于供应材料的品种和价格,在可能的条件下尽量增加可供选择的范围。可采用不同的配色排列组合关系,制订多种配色方案,用以满足不同消费者的选择。

汽车内饰面料的色彩设计首先要考虑汽车的品牌文化及历史背景。汽车品牌的不同,个性也不相同,如作为通用旗下的三大品牌:凯迪拉克、雪佛兰和别克,它们在内饰的色彩设计上也是各具特色。凯迪拉克作为通用高端品牌,其独有的钻石棱线风格,尽显伟岸与尊贵,内饰颜色为高贵的香槟金和庄重的檀木黑;雪佛兰品牌代表着年轻化、个性化和时代感,在内饰颜色使用上也比较大胆,科技感的蓝色、欢快活泼的黄色和热情奔放的红色,在座椅、仪表板及饰板上多有采用;而别克品牌在内饰面料的色彩选择上多为米色、黑色或灰色配置,内饰面料的花形纹理多为流畅、变幻的曲线,强调层次和明暗的对比,体现出一种阴柔、含蓄和内敛之美。

针对不同的市场定位、不同的消费群体,汽车在内饰面料的色彩设计上也有着显著的差异。例如,家用经济型轿车的消费群体比较庞大,多为20~30岁的年轻人,经济实用、温馨自然是他们对这类车型的需求。传统的浅色内饰(如浅米色、米黄色、深米色、明黄色、浅米灰等)和深色内饰(如黑色、深灰色等)是这类车型内饰面料的主要色彩,其中米色应用较多,也广受消费者青睐。中高级轿车的消费群体多为35~45岁的中高级管理人员或行业精英、潮流新锐等,他们享受生活,崇尚品质,追求时尚和品位。这类车型的内饰面料色彩多为古典的、绅士的沉稳色系,在配色技巧上通过暗色调和深色调等低纯度、低明度的配色营造奢华高贵的氛围(图2-18)。这类车型上使用的汽车内饰面料色彩多为同类色的弱对比,常用的为黑色、深米黄色,复古的古铜色、棕色也逐渐流行;在花型纹理上,多为几何规则的小花形,经典大气,通过组织结构及纱线的搭配达到精密细致的效果,表现出优雅的品质感。

随着越来越多的运动型轿车的普及,象征运动和激情的全黑内饰开始受到广大汽车爱好

图 2-18　沉稳色系的汽车内饰织物

者的欢迎。黑色的内饰面料加上鲜艳夺目的亮丽纯色，构成时下最时尚的汽车内饰色彩搭配。除了全黑，黑红混搭、黑蓝白三拼、黑橙拼色和黄配黑等个性化内饰色彩，被越来越多的消费者选择。

除此之外，随着人们对于自然、环保和低碳生活的追求，汽车内饰面料的色彩也在发生着微妙的变化。清新典雅、自然生态的视觉效果也被设计师用颜色表现出来，而这种感觉就离不开蓝色系和绿色系。纯净的蓝色表现出一种美丽、冷静、智慧、安详与广阔。绿色和大自然及植物密切相关，是清新、安全的代表，给人以平静和舒适感。

3. 汽车车门内饰板的色彩设计

汽车门内饰板的色彩设计有着独到的地方，一般采用双色或三色设计，可选择多种材质来丰富视觉与触觉效果，并与汽车内饰色彩协调呼应。例如仿麂皮的装饰条的设计，从视觉上改变了车门内饰板单一的材质和颜色，不仅在面积上将车门内饰板加以分割，而且较好地体现了材质的对比与均衡，在色彩上更能突出色相和明度的对比变化。根据当下流行的智能表皮材料，可将门内饰板进行不同色彩、纹理透光表皮材料的设计开发与应用，如氛围灯与透光表皮、几何图案巧妙结合，呈现出与众不同的灯光效果；带有珠光拉丝金属感的PVC（聚氯乙烯），有轻奢的视觉感；塑料件的色彩与几何纹理渐变，具有科技未来感等（图2-19）。

图 2-19　不同色彩、纹理透光表皮材料的汽车门内饰板设计

2.2.4　汽车色彩设计的方法

要设计一套和汽车开发系统紧密结合的色彩工作方法流程，首先要结合色彩设计在汽车开发中的作用，来确定色彩设计在造型开发乃至整个汽车开发过程中的位置。一个完整的汽车造型开发过程至少要经历立项、造型定位、草图、工程可行性分析、效果图、设计数据、模型等近10个步骤的工作，整个过程将耗费1年左右的时间。色彩设计必须基于汽车的造型定位，即明确了汽车开发设计的方向和定位，才能有的放矢地进行色彩的设计。而工程可行性分析就是对色彩的生产可能性、人机工程学评估、安全性评估等方面进行综合分析。可见，色彩设计的启动工作应介于造型定位工作完成之后和首次工程可行性分析之前。

同时，色彩设计不是独立的部分，而是和整体的开发系统不可分割相辅相成的。色彩设计在造型定位工作后启动，并始终贯穿于汽车设计的各个环节。设计师要根据造型的设计进度来开展各个阶段的色彩工作，当汽车开始造型定位的时候，色彩也同样进入色彩的趋势分析和定位的阶段；当汽车的外形方案确定之后，色彩的方案设计工作也跟着展开；当造型开发进入模型阶段的时候，色彩同样要辅助模型进行表达。也就是说，色彩设计在启动后将一直延续到汽车造型开发的全过程。

1. 项目确立与色彩定位分析

在汽车造型开发阶段中的色彩设计，应以完成色彩的定位分析作为指导后续设计工作的起点。汽车在进行造型设计之前会通过对市场调查、相关车型资料的分析来确定造型定位，色彩设计工作的开展也是如此，需要有一个定位或目标来指导造型开发中各阶段的色彩设计。

色彩定位分析所确定的色彩设计方向不能与造型意念相违背，更不能脱离市场需求和造型主题。色彩定位应该以汽车项目的市场定位作为支撑，需要对市场上同类车型的色彩设计进行分析，同时收集、整理市场上已有车型的色彩销售情况和用户对各款车型色彩的喜好程度。

色彩设计不能只从造型师的主观要求出发，而要受到颜料和装饰材料的供应、成本核算、市场趋势等因素的制约。企业需要考虑这些制约因素来确定可能选择的品种，将油漆样品、服饰材料样品等编成色彩系统，也需要收集、保管和编辑并进行各种试验，还要按照材料的供货变化进行调整。

2. 色彩创意方案与评估

色彩创意方案的工作要在造型开发阶段最终效果图确定之后开展，这时的汽车造型设计已基本确立，色彩方案可在此基础上直接利用效果图进行计算机辅助设计。使用计算机进行色彩设计可以快速表达创意，也能做到快速修改，比在模型或样车上进行色彩调整更能节约成本。通过专职色彩设计师前期大量的计算机辅助设计，有助于提高后期色彩方案实现的准确性。

外部色彩创意方案要根据色彩的美学原则，对汽车外部车身、车灯、后视镜、前后保险杠、开门把手等外观部位进行配色处理。汽车内饰是消费者接触汽车最直接的部分，色彩设计要力求为消费者建立良好的心理感受。内饰中所涉及的细节和材质繁多，安全性、舒适性和人机环境等也是内饰色彩设计中需要关注的重要内容。因为汽车内饰色彩设计比汽车的外部色彩设计复杂，所以需要设计的细节更多。

汽车色彩方案设计完成之后，应组织与项目相关的设计人员、工程人员、工艺人员、市场销售人员等对色彩的工程及工艺可行性、市场的预接受度、色彩设计与造型定位是否相符等方面作评估，以便进行色彩创意方案的修改与调整。在评估过程中，为减小打印喷绘与计算机屏幕色彩的色差，在条件允许的情况下若能在大尺寸的高清屏幕上进行色彩方案的评估，效果更佳。

3. 内外模型展示

在汽车色彩的创意方案确定之后，汽车造型开发阶段的色彩设计工作并没有结束。计算机中的显色只能作为色彩设计意图、方向的示意，而无法表现真实的色彩。从设计到实施，需要解决色彩与材料结合后在使用空间中的总体效果。色彩要在实体上结合材质进行运用之后，才能辨析它在真实形态上的状态和效果，进入实际的运用阶段而不只是停留在对计算机图片的想象阶段。所以，汽车在制作展示模型的时候应该把色彩的方案设计考虑进去，在模型对造型进行展示的同时也应该对选定的色彩方案进行展示（图 2-20）。

图 2-20 汽车色彩内饰模型展示

色彩创意方案的模型展示同样应该组织项目的相关人员进行评估并形成方案调整的意见书，以便收集在汽车色彩实体感受中获得的调整意见，并根据修改意见进行最终的色彩方案调整。

4. 色彩标准样板制作

在汽车的整车开发设计中，汽车造型开发中的外形设计仅做到模型展示之后方案的最终确立为止，下一个阶段将进入工程设计阶段，但是汽车造型开发中的色彩设计工作并没有结束。

在模型展示阶段确定色彩方案后，需要制作色彩的标准样板。色彩的标准样板就是色彩生产中的准则，在进行颜色的涂装之前就要制定好标准，再由漆料供应商根据汽车制造企业所提供的色彩样板进行标准化的色料配置。

在制作色彩标准样板时，要注意对汽车上涂装不同色彩的相应部位进行色彩编号和标注，以规范的管理来避免在后续的色彩涂装过程中的失误，保证色彩工作的顺利完成。油漆样板应制成弯曲形状，因为弯曲的样板反光效果较丰富，接近车身的实际情况。色彩方案需要在 1∶1 的车身实体上反复进行试验验证，对同一种车型喷涂不同的颜色进行更深入细致的对比分析（图 2-21）。

5. 确定色彩的生产方案

色彩方案由造型部门协同管理、生产、销售部门贯彻实施（图 2-22）。

图 2-21 油漆样板和车身试验验证

RI/VG（沙石黄＋暖灰）　YK/PE（暖银色＋中等银色）　QI/VG（樱桃红＋暖灰）　QJ/HC（粗灰色＋冷灰色）　RY/HC（深海蓝＋冷灰）

SD/HC（云母蓝＋冷灰）　RM/VG（紫色＋暖灰）　BY/VG（绿色＋暖灰）　NM/PE（贵族白＋中等银色）　EB/PE（乌本黑＋中等银色）

图 2-22 车身外部色彩方案

思考题

(1) 车漆由哪几层构成？汽车色彩由哪一层体现？
(2) 汽车色彩命名有哪些方法？
(3) 简述汽车外饰色彩设计的原则。
(4) 汽车内饰织物的色彩设计主要考虑哪些因素？
(5) 进行汽车色彩定位分析时应注意哪些问题？
(6) 在模型展示阶段确定色彩方案后，还需要进行哪些工作？

实践题

参考本章内容，结合用户市场定位，为自己喜爱的某汽车品牌进行汽车的外饰色彩设计。作业要求：一是对竞品与目标消费者进行调研；二是依据企业与产品定位确定设计主题；三是结合流行色选择颜色及其搭配；四是完成一套（不少于 3 种配色）包括平面配色和三维色彩效果图表现的车身外饰色彩设计方案。

第 3 章
汽车内饰材料及表面处理工艺

学习目标
（1）通过对汽车内饰材料及表面处理工艺知识的学习，了解汽车面料搭配的趋势分析，理解汽车面料和工艺设计的关系，掌握汽车内饰常用材料的基本种类、汽车内饰常用的表面处理工艺知识。
（2）具备汽车内饰材料的选材与设计能力，为成功的汽车内饰面料设计提供保障。

本章要点
（1）汽车内饰常用材料。
（2）汽车内饰表面处理工艺。

3.1 汽车内饰常用材料与工艺分类

3.1.1 汽车内饰及汽车内饰设计

汽车内饰主要是汽车内部所有零件的总称，既包括各种用于控制操作的功能零件，又包括各种用于装饰的部件。按照零件所在的功能区域划分，汽车内饰主要包括仪表盘系统、副仪表盘系统、门内护板系统、顶棚系统、座椅系统、立柱护板系统、驾驶室空气循环系统、行李箱内装件系统、发动机内装件系统、地毯、安全带、安全气囊、转向盘、车内照明、车内声学系统等。

汽车内饰设计是仅次于车身外观造型设计的一项重要的开发内容。在汽车设计流程中，汽车内饰设计的工作量占到整个汽车造型设计工作量的60%以上，远远超过汽车的外形设计。近些年，家用汽车市场开始快速增长，人们越来越关注汽车内饰，汽车内饰设计得到重视并快速发展。

汽车内饰设计是一项综合的系统工程，它除了反映汽车内部空间的功能，还要让驾乘者感到舒适、美观，满足人机操作方便等要求。成功的汽车内饰设计必须满足功能性、舒适性、经济性等要求，以及人们广泛认同的精湛工艺和审美观。因此，汽车内饰设计要求设计师从功能、造型、色彩、材质及必要的装饰件等方面进行全面设计，既要符合使用功能的需要，又要使内饰风格整体协调，达到赏心悦目的效果。

3.1.2 汽车内饰常用材料

汽车内饰涉及诸多部件，这些部件组合起来，共同为驾乘者提供了一个舒适的车内环境。尤其是随着科技的发展，汽车内饰所采用的材料也在不断地更新，如座椅面料、中控面料等不断地更新。尤其是一些改性材料的出现，不仅提高了车内的舒适度，而且增加了车内的功能。

汽车内饰材料分为面饰材料、缓冲材料和骨架材料，各自又细分为很多品种，不同的特点适合不同的应用。面饰材料是本章主要讲授的内容。常用的汽车面饰材料有织物、皮革、塑料、木材及再生纤维毛毡等，主要用于座椅、转向盘、仪表板、车门内饰板、顶棚、地毯等；常用的汽车缓冲材料有PP和PU发泡材料等，主要用于坐垫、靠背、头枕、顶棚衬里、门板内衬、遮阳板等；常用的汽车骨架材料有金属材料、塑料和新型复合材料，主要用于仪表板、转向盘、车门装饰件等。

出于安全、环保和舒适性等方面的考虑，一般要求汽车内饰材料必须具备以下特点：良好的强度和刚度，能承受一定的冲击载荷；良好的尺寸稳定性，特别是高温稳定性；良好的抗紫外线性和耐候性，可确保10年以上的使用寿命；良好的耐溶剂性；低气味性；亚光性。汽车内饰面料产品的设计研发首先要考虑满足近乎苛刻的技术标准要求，如耐磨、耐老化、阻燃等指标，确保驾乘者使用过程中的安全与舒适；同时，作为车用重要的装饰材料，其产品设计开发还必须满足整车的设计思想需要，符合内饰空间设计理念、色彩纹理搭配及目标消费者个性化的需求等。

1. 织物

汽车内饰织物面料作为重要的表皮材料组，由于其具有耐磨耐用、抗老化能力强、透气性较好、化学性能稳定等特点，同时可以根据设计需要通过原材料选用、颜色选择、组织纹理搭配等途径灵活多变地设计开发符合消费者需求的产品，因此在汽车内饰零部件中应用较多。

织物纤维分为天然纤维和化学纤维两种。亚麻、棉纱、麻绳等从植物中获取的纤维，属于天然纤维；羊毛和丝绸来自动物，也属于天然纤维；化学纤维的种类很多，包括粘胶纤维、醋酯纤维等再生纤维，尼龙、锦纶、涤纶、腈纶、氨纶等合成纤维，以及玻璃纤维、金属纤维等无机纤维。从织法上看，汽车常用的织物主要分为机织、针织、非织造材料等。

(1) 机织。

机织是应用时间最长的一种由纱线形成织物的方法，由两组相互垂直的纱线以90°角作经纬交织而织成面料，纵向的纱线叫经纱，横向的纱线叫纬纱。机织面料的主要特点是布面有经向和纬向之分。当织物的经纬向原料、纱支和密度不同时，织物呈现各向异性，不同的交织规律和整理条件可形成不同的外观风格。机织面料具有良好的强度和耐磨性等，具有良好的尺寸稳定性，耐洗且不易变形，强度比针织物高，表面平整易于印染整理，但缺乏豪华的观感（图3-1）。

(2) 针织。

针织是一种以线圈作为基本单元组成的，线圈相互串套形成针织面料，纱线形成线圈

图3-1 机织面料

的过程可以横向或纵向地进行，将纱线沿纬向（横向）或经向（纵向）喂入针织机的工作，顺序地曲成圈并相互穿套而形成针织物的工艺。针织面料质地松软，除了具有良好的抗皱性和透气性，还具有较大的延伸性和弹性。这些特性适用于三维形状设计、汽车座椅制造和门板装饰。针织面料主要包括提花织物和绒类织物，花型潜力大，生产灵活（图3-2）。

图3-2 针织面料

(3) 非织造材料。

非织造材料是指定向或随机排列的纤维通过摩擦、抱合、粘结或这些方法的组合而相互结合制成的片状物、纤网或絮垫。例如无纺布没有经纬线，因为它是一种不需要纺纱织布而形成的织物，只是将纺织短纤维或长丝进行定向或随机排列，形成纤网结构，然后采用机械、热粘或化学等方法加固而成。无纺布具有防潮、透气、柔韧、质轻、不助燃、容易分解、无毒无刺激性、色彩丰富、价格

低廉、可循环再用等特点。从驾驶舱过滤器和座椅套到后备箱衬里、隔音毡及地毯布，无纺布可以用于隔音、空气过滤、隔热、增强及提高驾乘者的舒适感和可靠性。

织物表皮材料在汽车内饰中应用已久，是重要的内饰件表皮材料，主要应用于汽车座椅、门饰板、仪表板、中控台、立柱、安全带、隔音垫、遮阳帘、中央扶手、顶棚表皮、地垫等内饰件区域。除了具备一定的产品功能性，相对于其他材料，织物在汽车隔音、隔热、降噪等方面具有一定的优势（图3-3）。

2. 皮革

近年来，汽车内饰表皮材料中皮革类产品（含真皮和仿麂皮产品）的应用比例较大，在整车配置中皮革使用占比超过70%甚至更高。常用的皮革材料包括真皮、人造皮革等，而仿麂皮严格意义上讲是一种特殊的织物面料。皮革的优点是高档、耐脏、视觉价值高、舒适性好，缺点是价格高、保养成本高、过滑、透气性差。

（1）真皮。

汽车真皮内饰指的是从动物（牛、鹿等）身上剥下原皮，通过加工制成的内饰。真皮内饰的价格不菲，如果算上加工鞣制等工艺，成本就更高了，一般只有高档车或普通车高配版才配置。真皮一般分为头层皮和二层皮等。

汽车真皮内饰多以头层牛皮为主，但头层牛皮也分好坏。一般最高档皮质都选小牛皮，因为小牛皮质地更细滑，皮肤上的毛孔也更细，不会受到蚊虫叮咬的破坏。较为高档的称为粒面皮，粒面皮质感出色，纹理自然，清新透气，很多高档的车型就是采用皮质上乘的头层粒面皮。中档的称为软面皮，软面皮有很深的肉感。除此之外，还有一种称为荔枝皮，它采用的是牛肚子上的皮，更加坚韧，纹理也更清晰；不过，也有二层荔枝皮，和头层荔枝皮的区别就在于按压之后没有皱纹（图3-4）。

Nappa皮并非特指某种皮革等级或原料，而是针对一些质量达到相当标准和柔软度的皮革的统称（图3-5）。Nappa皮选用头层牛皮做基料的比较多。Nappa皮的纹理细腻自然，不需要后期压花，而且手感柔滑、光泽度好，但相对成本也比较高，所以一般都用在比较高端的车型或车型中的旗舰版上，如梅赛德斯-奔驰S级、宝马7系、上汽大众帕萨特旗舰车型等。

图 3-3　织物表皮材料应用

第 3 章　汽车内饰材料及表面处理工艺　/ 075

图 3-4　真皮的分类

苯胺皮采用的是小嫩牛的上等皮质，采用的是植物鞣剂，染色也较为简单，一般为浅色（以米色、淡黄色、白色为主），最大限度地保持了皮质原有的质地。苯胺皮整套的加工周期超过 2 个月，经过非常细致的以手工为主、计算机为辅助的切割、缝制而成。苯胺皮皮质标准的要求也是所有真皮内饰中最高的，是奢华的象征，对于耐磨、耐温差、耐干湿、耐光照等指标的要求特别严格，对材质和工艺的要求也都是顶级的。苯胺皮也分等级，一般分为半苯胺皮和全苯胺皮。半苯胺皮多用于路虎揽胜、雷克萨斯 LS、迈巴赫 S 级这类车型上，并且很多还是用在最重要的座椅部分，其余内饰部分更多的还是采用高档的 Nappa 皮。不过最为顶级奢华的劳斯莱斯和宾利上，用的则是更加完美的全苯胺皮（图 3-6）。其实二者的差别用常人的眼光来看已经非常细微了，只有在显微镜下才能够观察出二者毛孔、纹理的差别。

图 3-6　全苯胺皮

图 3-5　Nappa 皮

麂皮是一种将麂皮用油鞣法制成的清洁用革，质地相当柔软，对于硬度不高的玻璃或其他物品具有保护性（图 3-7）。但由于粒面伤残较多，麂皮现已很少用，现在多用优质山羊皮、鹿皮或仿麂皮代替。

图 3-7　麂皮

翻毛皮也叫反毛皮，其实就是真皮的背面，有毛绒、不平滑，通常两面加工为毛绒表面。翻毛皮多用于个性化的豪华车型和运动型跑车，透气性好，很舒适，但缺点是不耐脏，维护性差。

真皮一般用于汽车座椅居多，除此之外，还应用在仪表板、转向盘（中间处）及门内板等部位。

（2）人造皮革。
人造皮革包括 PVC 皮革、PU 皮革、超纤 PU 皮革等，是在不同的纤维织物上用不同的涂层材料进行涂覆后产生的工业产品。

PVC 皮革采用针织布作为基布，先把热熔成糊状的 PVC 按一定的厚度均匀涂覆在上面，然后进入发泡炉中进行发泡，使其具有能够适应生产各种不同产品、不同要求的柔软度，最后在出炉的同时进行表面处理，如染色、压纹、磨光、消光、磨面起毛等。PVC 皮革的优点是价格便宜、色彩丰富、花纹繁多，缺点是手感硬、皮感差、舒适性差、耐老化性能差、气味重、增塑剂易迁移等。一般汽车门板、坐垫、仪表板、车厢内壁等部位，主要采用 PVC 皮革进行复合。因为 PVC 皮革与 PU 皮革都是对常规纤维织物进行涂层，而 PVC 皮革存在种种缺陷，所以目前汽车内饰中的普通 PVC 皮革已逐渐被 PU 皮革取代。

PU 皮革的基布通常是抗拉强度更好的针织布、帆布、无纺布等，在以 PU（聚氨酯）为材料的热熔涂覆工艺中，除了可以涂覆在基布的上面，还可以两面涂覆，将基布完全包裹在中间，从外观完全看不到基布的存在。PU 皮革的表面处理工艺基本同 PVC 皮革，但价格比 PVC 皮革要高。它更接近皮质面料，不用增塑剂来达到柔软的性质，所以不会变硬、变脆，同时具有色彩丰富、花纹繁多、易清洁、质量轻等优点，而且价格又比皮质面料便宜，所以受到消费者的欢迎（图 3-8）。

图 3-8　PU 皮革

超纤 PU 皮革则以拥有三维立体结构的超细纤维无纺布作为基布，再涂覆或贴合一层或多层高性能的聚氨酯制成。超纤 PU 皮革在强度、耐磨、耐老化、吸湿性、舒适性等方面的性能指标都优于 PU 皮革。在中高档车型中，超纤 PU 皮革是当下比较流行的汽车座椅和内饰面料，因为它的物理性能和手感最接近真皮，也更加经济耐用，市场前景广阔。

(3) 仿麂皮。

麂皮绒是一种仿麂皮面料，其制作采用的主要原料是涤纶超细纤维加聚氨酯成分，其性能优异，具有防腐蚀、吸湿、透气、手感柔软、丰满、富有弹性、蓬松性和飘逸感、色泽饱满、质感高档等优点，比天然的麂皮更耐用，也更易保养。很多汽车厂商热衷于将座椅、转向盘等与驾驶员直接接触的部位用仿麂皮面料进行包裹，通过材料本身的摩擦力为驾驶者提供更好的驾控感受。例如Alcantara这种材料发明于20世纪70年代，成分是68%的涤纶和32%的聚氨基甲酸乙酯，实际手感类似于翻毛皮。Alcantara集柔软性佳、风格典雅、色泽饱满、耐用/耐磨性强、极易保养等优点于一身，目前集中使用于汽车内部的装饰。在一些顶级跑车中，Alcantara与碳纤维的组合已经成为经典，在很多高性能车或运动车型中都能见到它的身影（图3-9）。

3. 塑料

随着汽车工业向轻量化方向发展，塑料在汽车上的应用日益增多。目前，由塑料制成的汽车内饰塑料件主要包括仪表板、门内板、空调出风口、除雾格栅、把手、手套箱、烟灰缸、遮阳板和顶灯等。

根据树脂的分子结构和热性能的不同，塑料分为热塑性塑料和热固性塑料。汽车内饰常用的塑料大多是热塑性塑料，主要包括PP、PE、PVC、PET、ABS等，PU、PA、PC、PBT、PS等也有一些应用。这些热塑性塑料的共同特性是受热时可以熔化，制成任意形状，冷却后变成固体，加热后又可以熔化多次重复

图3-9　Alcantara在汽车内饰中的应用

利用。相对其他材料来说，塑料易于成型，耐腐蚀性强，着色/增塑/硬化性能好，且成本低廉。但塑料的缺点是耐候性略差，抗老化性能差，大多具有可燃性（PBT、PFR除外），需要增加适量的阻燃剂。

随着科技的发展，仪表板成为集安全性、功能性、舒适性、装饰性于一体的重要部件，它需要有一定的刚性以支撑其零件在高速和振动的状态下保证正常工作；同时，又需要有较好的吸能性，在汽车发生意外时减少外力对正、副驾驶员的冲击。所以，汽车仪表板多采用PVC和ABS材质，再注入一些PU泡沫以增强回弹能力。不同的仪表板采用的材质与工艺也是不同的，见表3-1。

中控台主要采用ABS、PC/ABS材料注塑而成，表面进行喷漆、镀铬、水转印或模内镶件注塑成型IMD等处理；或以织物面料、仿麂皮面料、真皮面料包覆。

表 3-1　不同汽车仪表板的材质与工艺

材质	硬质	半硬质	软质
材料结构	表面带花纹或亚光处理的塑料	底层：塑料骨架 表层：1.035mm 的表皮	底层：塑料骨架 中间层：PU 泡沫（厚度不等） 表层：0.5～3.5mm 的表皮
制造工艺	注塑成型	骨架：注塑成型、热压成型 表层包覆：模压成型、真空吸附成型，以及包边	骨架：注塑成型 中间层：发泡 表皮成型：搪塑成型、PU 喷涂
用户感受	差	中	好
成本	低	中	高

车门内板多采用 ABS 或改性 PP 材料注塑成形，主要功能是包覆金属门板，提供优美外观，并满足人机工程学要求、舒适性、功能性和方便性，在侧碰时提供适当的能量吸收保护，对车外噪声提供屏蔽作用。简单的门护板一般在经济型轿车和货车中较常见，由本体和必要的功能件组成，如扶手面板、车窗升降开关等。这类门护板本体通常采用 ABS、PVC 等注塑成型。较为复杂的门护板分为上门护板本体、下门护板本体、装饰条、内扣手、缓冲吸能块等。下本体通常采用注塑工艺，需要有足够的刚度和强度，以保持门护板总成的形状。而上护板又分为硬质和软质，硬质通常也采用注塑工艺，软质上护板通常由表皮（热塑弹性体 TPO、PVC、PU、织物或真皮），PUR 发泡层，ABS，PVC 骨架组成。表皮的工艺可以使用阳模真空成型或手工包覆，对皮纹、圆角等外观要求较高的中高档轿车通常采用搪塑或阴模真空成型（图 3-10）。

转向盘一般采用碳钢、铝合金和镁合金等金属骨架外加 PUR 发泡制成，而转向盘包覆物多用 PP、PU、PVC 塑料、真皮、合成革、木材、碳纤维等。

顶棚一般是由基材＋填充材料＋表皮材料层叠一体成型。将填充材料和表皮材料层压成形之后，直接粘到顶棚上，填充材料常用聚氨酯软泡沫或聚氯乙烯软泡沫，表皮材料为聚氯乙烯、织物或皮革。

汽车用地毯，根据车型的级别，对材料的要

图 3-10　门护板的表皮材料

求也有很大的差别。大部分轿车上都采用复合成型垫，货车、轻型车、越野车及级别较低的轿车一般使用橡胶垫材料。目前，大多数汽车倾向于采用具有抗菌性的聚酯材料构成的地毯。

4. 木材

木材同样也是早期运用于汽车内饰的主要天然装饰材料之一。木材以其光亮的色泽、极具质感的纹路一直运用于仪表板、车门内饰板和转向盘配置等位置，搭配冰冷的钢铁车身，使汽车内饰有了更多的生命力和大气的风格。在常用的汽车内饰木材中，胡桃木、枫木、岑木（白蜡木）等名贵木材，目前常常应用在高端车型中。

胡桃木是珍贵的木材，其切片一般呈现出浅黑褐色，偏一些紫调，这种天然的颜色奠定了胡桃木奢华高端的属性。胡桃木的天然纹理有时呈现为美丽的大抛物线花纹，有时又呈现为波浪形的卷曲树纹，非常优美（图3-11）。

图3-11　胡桃木汽车内饰

枫木属于全世界分布非常广的木材，颜色多样，最著名的品种是产自北美的加拿大枫木。在高端车型上主要使用的枫木品种是雀眼枫木，顾名思义，就是木材的断面呈现的纹理像鸟的眼睛一样（图3-12）。

图3-12　雀眼枫木汽车内饰

岑木（白蜡木）也是高端车型常用的木材，颜色从金黄色到深褐色不等，较好地满足了与内饰不同颜色搭配的需求（图3-13）。

图3-13　岑木（白蜡木）汽车内饰

除此之外，桦木、桃木、檀木等也常运用于高端车型内饰。例如，沃尔沃S90采用桦木作为内饰，该木材有着独特的火焰纹理。宝马新5系车内大部分区域装饰山脊形细纹高级桃木木饰，该木材质地非常出色，置身车内，仿佛置身于古典美式书房当中（图3-14）。捷豹XJ/XF的木质饰板采用高光花色黑檀木，并且从同一棵树上的相邻部位截取，将相近的木瘤纹理对称配对，这样成品的纹路和色

图 3-14　桃木汽车内饰

图 3-15　IMD 工艺的仿木纹汽车内饰

样更加吻合统一，而且每块木饰板须经多次手工抛光、72h 的硬化处理及涂覆清漆，使得木材的天然美感能够更好地呈现出来。

木材的选用也需要结合汽车的定位，中高端车型一般采用的是多层实木片压制而成的实木饰板，考虑到防火性能和在碰撞时不会破裂对驾乘者造成额外的伤害，其中还会加入一些特殊的夹层以改善木材的性能。此外，压制好的木纹饰板表面还会覆盖很多层漆面，不仅会提升耐用性，而且会增强木质纹理并使表面完美无瑕。

中低端车型基于成本考虑，大多采用的实木风格内饰其实只是喷涂了木纹色的聚酯材料，用的是水转印工艺，表面木纹易磨损掉。还有一种成本稍微高一点的实木风格内饰会采用模内注塑表面装饰 IMD，把木纹印在底层上，木纹外还有硬化透明薄膜做壳，摸上去没有木头的感觉，所以看到的木板上的像素颗粒感就像印刷上去的（图 3-15）。

5. 金属

在汽车内饰中，金属也是不可或缺的元素，大量车型中都采用了镀铬装饰条和铝合金拉丝饰板来点缀车厢。起初，车内使用金属装饰单纯是为了美观，但随着使用日益增多，其较好的耐热性、摩擦系数小的优势渐渐显露；同时，镀铬装饰件能够长久地保持光洁度，不容易磨损和腐蚀。这也是为什么要将人手反复拉拽摩擦的车门把手采用镀铬覆盖的原因。

例如，宾利 Continental GT 在用料和氛围的营造上做到了极致，铝合金材质覆盖在挡把区域，铝合金和皮质材料、木材运用比例恰到好处，相互搭配豪华又不失现代感（图 3-16）。

又如，梅赛德斯 - 奔驰 A 级车的圆形涡轮状空调出风口，金属质感配合造型上所形成的进深感看起来更像一件艺术品，烘托出装饰氛围（图 3-17）。

图 3-16　宾利 Continental GT 中控台的铝合金与皮革、木材的搭配

图 3-17　梅赛德斯-奔驰 A 级车圆形金属涡轮状空调出风口

另外，一些车型配有铝合金与织物面料、皮革搭配的座椅，几种材质对比能彰显时尚感（图 3-18）。

图 3-18　铝合金与织物面料、皮革搭配的座椅

6. 玻璃

玻璃主要应用于汽车的车窗玻璃。车窗玻璃对于驾乘者来说仅仅是一个遮风挡雨的工具，但随着科技的革新，特别是自动驾驶技术的逐渐成熟，汽车玻璃的应用越来越多样化。据相关数据统计，现在一辆汽车平均需要采用 5m² 的玻璃，这个数据较以前增大不少。

（1）3D 曲面玻璃。

3D 曲面玻璃走进汽车内饰，让车载中控屏不再千篇一律地方方正正，而是实现了三维表面的无缝衔接，改进了汽车内饰的设计，提高了中控功能整合的自由度。从市场来看，由于成本和技术因素，汽车 3D 曲面玻璃方兴未艾。3D 曲面玻璃材质具有高韧性和高强度的特点，让车规级超大尺寸曲面盖板从概念走进现实。

例如，梅赛德斯-奔驰全新 EQS 中控台屏幕采用曲面玻璃"竖屏"设计，材料选用硅酸铝玻璃，整个玻璃盖板是在数百度高温下 3D 热弯制成，玻璃面板中增加了两种特殊涂层，既可以增加强度，又可以带来更强的沉浸体验（图 3-19）。

图 3-19　梅赛德斯-奔驰全新 EQS 曲面玻璃中控台

（2）自动调光玻璃。

自动调光玻璃技术能够兼顾视野和防晒。它由两层玻璃与夹层的液晶膜合成，在断电状态下，玻璃呈现透光而不透明的效果，可以隔绝视线；通电后，就像拉开了百叶窗，光线可自由穿透，玻璃呈现透明状态，视野清晰明朗。同时，这种玻璃同样能隔音、隔热，也能保护个人隐私。

例如，大陆集团的自动调光玻璃技术能让汽车的每个车窗都可以根据指令单独调暗。如果风挡玻璃上的变色功能与车载电源和云链接相互关联，还能根据天气状况提前自动调暗或调亮车窗。在冬季，与车辆锁止系统连接时，只要驾驶员接近汽车，车窗就可以启动解冻功能。又如，福耀集团在天窗玻璃内安装太阳能电池芯片，直接将太阳能转化为电能存进车内蓄电池，可为车载电器提供能源。

自动调光玻璃尤其适用于新能源汽车，由于其能阻挡100%的紫外线和70%的太阳热能，因此可以减少夏天空调耗电。

（3）智能反光镜。
目前，智能玻璃中比较成熟的一项应用技术就是智能反光镜（流媒体后视镜）。例如，镜泰集团推出了全屏显示后视镜，通过车后安装的摄像头，可以直接将后方的路况显示到电子屏上，后视影像取代了镜片成像，既视野更加宽阔，又解决了安全隐患。

当下，小小的后视镜已经不限于只应用物理光学方面的技术，而是集化工、电子、微电子、软件设计、视觉系统、玻璃处理等技术于一体。例如，镜泰集团将后视镜的定义推向了一个新的高度，推出了用于乘客识别的生物识别虹膜扫描系统、内部舱室监控系统和可调光玻璃窗元件等。其中，虹膜扫描系统可用于授权车辆使用、路线跟踪和乘车费用支付等，授权用户一旦进入车辆，仅需看内后视镜，即可对车辆进行操作并进行一系列个性化设置，如自动调节座椅、空调控制、音乐收藏等。

除了以上提到的汽车智能玻璃，还有自愈玻璃、自洁玻璃等技术正在研发中。

7. 碳纤维

碳纤维是指含碳量在90%以上的高强度高模量纤维，用腈纶和粘胶纤维做原料，经高温氧化碳化而成，耐高温居所有化纤之首。最早碳纤维材料用于汽车内饰的是超跑对于运动感的宣扬，其原因是碳纤维材料不仅可以使车身轻量化，而且可以强化车身强度。使用碳纤维的车辆重量仅相当于普通钢材汽车1/5，而硬度却是普通钢材汽车的10倍以上。碳纤维摸上去手感与塑料差不多，却有着钢铁一般强度和韧性的碳纤维组件，不仅仅能够帮助整车有效减重，更由于其昂贵的制造成本而成为奢华的象征（图3-20）。

图3-20　碳纤维中控台与碳纤维车壳

但是，碳纤维材料的一大缺点就是可塑性差，如果车壳使用了碳纤维复合材料，那么发生碰撞后就无法修复，只能对整体进行更换，因此可回收性和成本会不如钢铁等材料。

8. 水晶

水晶材质近几年才被用于汽车内饰，在相对密闭、空间狭小的汽车内部，水晶质感给人以通透、清爽的奢华感，对消费者尤其是女性消费者来说，有着极大的吸引力。例如，全新宝马X5的水晶挡杆晶莹剔透，在阳光的照射下闪烁璀璨的光芒，也成为车内中最大的亮点。同时，水晶材质的使用，也大大提升了整车的质感和豪华感。宝马i4概念车的内部可发光水晶材质拨片式换挡按钮，搭配门板区域的玫瑰金饰板及水晶装饰件点缀，豪华感十足（图3-21）。

图3-21　水晶挡杆

9. 石材

石材较重，工艺成本很低，因此在汽车内饰中应用较少，但一些豪华高端轿车和房车中会少量使用天然大理石作为地板和内饰板的装饰。例如，宾利推出全新个性化天然石材内饰板定制服务，将石材进行整体切割成大块，然后经过精细打磨成很薄的薄片，最后用玻璃纤维和树脂加以固定安装。

3.1.3　汽车内饰表面处理工艺

汽车内饰表面处理是指在固体材料表面，采用物理方法、化学方法、电化学方法、高真空方法或生物高分子方法等，对表面进行涂装、处理、改性，形成具有特殊功能的表面层或某种功能的覆盖层。常用的汽车内饰表面处理工艺主要有表面改性、涂镀、印刷、膜内外装饰等。

1. 汽车内饰表面改性工艺

（1）皮纹。

皮纹也叫咬花，是用化学药品如浓硫酸等对塑料成型模具内部进行腐蚀，形成皮纹、犁地等形式的纹路，塑料通过模具成型后，表面具有相应纹路的一种工艺方法。现今，汽车内饰皮纹的种类基本有皮革纹理、几何纹理、拉丝纹理、梨地纹理等（图3-22）。皮革纹理是试图模拟皮革表面的肌理，常搭配PU等软质塑料，应用于汽车转向盘与内装饰板；几何纹理利用简单形状的重复排列，以产生视觉上的韵律，有较高的科技感；拉丝纹理模仿真实的金属拉丝效果；梨地纹理有一般塑胶上常见的如毛玻璃般的均匀粗糙面，质感有如梨子皮般的细小颗粒。

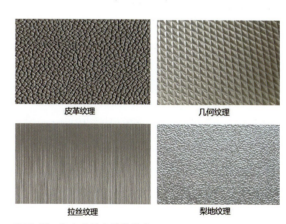

图3-22　汽车内饰皮纹的种类

一般汽车内饰皮纹的应用主要有两个目的：一是装饰功能，就是为了零部件表面有良好的外观效果，遮盖光板件表面的瑕疵，因为好的皮纹效果与造型融为一体，塑料件表面的皮纹花纹可以与座椅、顶棚等织物或皮革的花纹进行整体设计，而且搭配精致的缝线设计，可以很好地提升内饰的感官品质感；二是保护功能，即防止内饰件在反复使用过程中被划伤，防止留下划痕。一般装饰功能与保护功能相辅相成，有可能不同品牌或不同级别的车型在皮纹设计过程中，对两种功能侧重点有所不同。

汽车内饰零部件一般都需要皮纹处理，消费者日益增长的装饰需求迫使皮纹更加细腻，更富于层次感。皮纹设计时，为保证内饰效果的一致性，一般整车有两三种主纹理（图3-23）。仪表台上下一般采用不同纹理，以仪表台上板为重点关注区域，立柱上下一般也采用不同纹理。除此之外，还需要充分考虑内饰整体纹理的一致性，与座椅面料花纹也可以相呼应；需要考虑零部件的功能，如杯托底部的防滑功能，开关等需要经常操作部件做磨砂纹理。

图3-23　汽车内饰皮纹的搭配

（2）喷砂。

喷砂处理是利用高速喷射出的砂粒或铁粒对工件表面进行撞击，以提高零件的部分力学性能和改变表面状态的工艺方法。例如，汽车内饰皮纹的砂纹工艺是通过使用喷砂机及砂粒的配比喷在模具表面。喷砂可随意实现不同的反光或亚光，如汽车内饰装饰条采用喷砂工艺可呈现亚光珍珠银面的效果。

（3）滚花。

滚花是在常温下用硬质滚柱或滚轮施压于旋转的工件表面上，并沿母线方向移动，使工件表面塑性变形、硬化，以获得准确、光洁和强化的表面或特定花纹的处理工艺。一般豪华汽车的内饰按键上都会有多种滚花纹路（图3-24），用于加强触摸质感和视觉美感，特别是各种控制旋钮的十字纹形滚花。比较特别是电子旋转换挡杆，这种换挡形式非常别致，许多普通汽车上都已配备这种换挡按键。还有一些常用的旋转按键也会有滚花纹路，用于增大摩擦面积，起到防滑作用，在豪华汽车上还会有相当不错的阻尼手感反馈。

图3-24　滚花纹路的换挡按键

（4）拉丝。

表面拉丝处理是通过研磨产品在工件表面形成线纹，起到装饰效果的一种表面处理手段，主要用于不锈钢、铝、铜、铁等金属制品上。拉丝可根据装饰需要制成直纹（图3-25）、乱纹、波纹和旋纹（图3-26）等：直纹拉丝是指在铝板等表面用机械摩擦的方法加工出直线纹路；乱纹拉丝是高速运转的铜丝刷下，使铝板前后左右移动摩擦所获得的一种无规则、无明显纹路的亚光丝纹；波纹拉丝是利用磨辊的轴向运动，在铝或铝合金板表面磨

图3-25　直纹拉丝

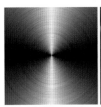

图 3-26 旋纹拉丝

刷，得出波浪式纹路；旋纹拉丝也称旋光，是采用圆柱状毛毡或研磨尼龙轮装在钻床上，用煤油调和抛光油膏，对铝或铝合金板表面进行旋转抛磨所获取的一种丝纹。拉丝纹理主要用于汽车CD、装饰面板等，可设计为直丝、断丝、深度、光度等不同的效果变化，工艺以复合型印花为主，纹丝超细。

拉丝不只是针对金属制品独有的工艺，随着产业技术的不断发展，非金属产品（塑胶、玻璃等）也可以通过仿金属拉丝工艺来极大地提高外观档次，达到以假乱真甚至更胜于金属的效果。而且，这种仿金属拉丝，可以做到一般金属板做不出来的形状。

(5) 激光雕刻。

【激光雕刻】

激光雕刻工艺是利用激光束与物质相互作用的特性，对材料（包括金属与非金属）进行切割、焊接、表面处理、打孔及微加工等的一门加工技术。激光雕刻工艺在内饰中的应用主要包括切割、纹理、打标、打孔、表面弱化几个方面。内饰部件从转向盘、仪表板到座椅、按键等，很多位置都有它的身影。

① 激光纹理。利用激光在模具上雕刻出设计好的纹理样式，而利用这种模具即可生产出带有纹理的产品，可以实现传统蚀刻方式无法完成的纹理样式（拉丝纹、碳纤维纹、皮革纹、立体几何纹、蜂窝纹、冰裂纹、火花纹等）。激光纹理的加工流程相比传统蚀刻

流程更短，软件处理完毕将模具放入即可自动加工。它可以在任何复杂3D工件上加工自由纹理，无须担心工艺限制，还可以雕刻3D几何纹理呈现立体效果，以及更适合参数化设计，尽情释放设计师的创造力（图3-27）。

图 3-27 激光雕刻 3D 几何纹理

② 激光打标。激光打标是利用高能量密度的激光对工件进行局部照射，使表层材料汽化或发生颜色变化的化学反应，从而留下永久性标记的一种打标方法。例如，对带背光开关标识打标的应用，因按键本体材料具有良好的透光性，表面喷有漆层，通过激光雕刻对本体上的漆层进行剥离，即可剥离出标识的形状。通过激光在座套、内衬、转向盘、安全带、脚垫等产品上打标图形从而增加产品的装饰性，可营造出更精致、更时尚的汽车内饰体验。这种工艺不需要接触加工物品表面，所以可对任何异型表面材料进行快速标刻，而且工件不会变形和产生内应力。

(6) 贴塑技术。

贴塑技术也叫高频焊接技术，是将特殊的塑料制品通过高频电磁场下引起介电损耗而加热，从而使结合面熔合粘结在汽车面料上的一种技术。这种技术可以制作个性的标识图案或采用特殊的绒面PVC、荧光效果材料按照设计的花形排列附着在汽车面料上，通过不同材料的混合搭配和材质对比效果，体现出汽车内饰风格的时尚、个性和前卫（图3-28）。

图3-28 汽车座椅的贴塑工艺

2. 汽车内饰涂镀工艺

(1) 喷涂。

喷涂是通过喷枪借助空气压力，将油漆分散成均匀而微细的雾滴，涂施于被涂物表面的一种方法，可分为空气喷漆、无气喷漆和静电喷漆等。

空气喷漆是一种最常使用的方法，以压缩空气将涂料雾化进行喷涂。空气喷漆可以产生均匀的漆，涂层细腻光滑，对于零部件的较隐蔽部件（如缝漆），也可均匀的喷涂。

无气喷漆利用柱塞泵、隔膜泵等形式的增压泵将液体状的涂料增压，然后往高压软管输送至无气喷枪，最后在无气喷嘴处释放液压、瞬时雾化后喷向被涂物表面，形成涂膜层。这种方法由于涂料里不含有空气，因此被称为无气喷漆。无气喷漆的效率比普通喷涂高两倍左右，涂料损失极微，涂膜成膜厚、遮盖率高、质量好、光洁度高、附着力强。

静电喷漆是雾化的油漆微粒在直流高压（80～90kV）电场中带负电荷，在电场力的作用下，油漆微粒飞向带正电荷的工件表面，形成漆膜的过程。静电喷漆形成的漆膜质量高、附着力好、生产效率高、浪费少。

① 喷漆的作用。喷漆的装饰作用：掩盖内饰塑料制品表面缺陷，美化内饰整体效果或突出某些特色，如桃木纹饰处理、仪表盘表面喷漆等。喷漆的保护作用：通过涂装提高内饰件的耐紫外线、耐溶剂、耐化学药品、耐光性等，以提高内饰塑料制品使用寿命。喷漆的特殊功能：在塑料制品表面喷涂特种功能的涂料，可以将特种涂料的功能转移到塑料表面，增加内饰塑料制品特殊功能，扩大塑料的使用范围。

② 油漆的种类。油漆的种类很多，有普通色漆、PU漆、UV漆、橡胶漆、磨砂漆、钢琴烤漆等。

PU漆：PU漆是聚氨酯漆的通常叫法，其工艺是只要喷一层就行，光泽度比较高，但是相对UV漆来说没有那么饱满。

UV漆：UV漆是采用紫外光辐射固化的树脂涂料，即利用紫外光做固化能源，在常温下快速交联成膜的高分子树脂涂料。该工艺对汽车内饰外观面要求比较高，稍微一点杂质都会非常明显地表现出来。

橡胶漆：橡胶漆又叫皮革漆，无色，喷涂于物体表面，能掩盖一般注塑出现的瑕疵或夹水纹，呈亚光或半亚光状态，手感相当细腻平滑，柔软如橡胶，可以提高产品附加值。

磨砂漆：磨砂漆是丙烯酸聚氨酯漆的一种特效油漆，表面具有磨砂的粗糙手感，耐磨防滑，光泽可调亚光、亮光等。它也叫砂纹漆、织物漆，广泛应用于计算机、鼠标、户外健身器材等物品。磨砂漆可户外使用，耐紫外线，而且防锈、防腐效果好，装饰性能优异。汽车内饰使用磨砂漆，耐刮耐磨。

钢琴烤漆：钢琴烤漆具有极高的装饰功能，漆膜极其光亮、丰满、坚硬、耐磨、附着力好。与普通的高亮喷漆不同，真正的钢琴烤漆和普通的烤漆不同，由多道烤漆组成，至少是3道漆，很多名牌产品甚至使用5道以上钢琴烤漆。钢琴烤漆最大的特点是可以产生完全的镜面效应，虽然在亮度上不可能和镜子相比，但其表面完全平整光滑，可以映出倒影，在一些高档车型上应用（图 3-29）。

图 3-30　镀铬的车窗边框

图 3-29　钢琴烤漆工艺

（2）电镀。

电镀被定义为一种电沉积过程，就是利用电解的方式使金属附着于物体表面，以形成均匀、致密、结合力良好的金属层。其目的是在改变物体表面之特性或尺寸，如赋予产品以金属光泽而显得美观大方。

① 镀铬。铬是一种微带天蓝色的银白色金属。其电极电位虽为负，但具有很强的钝化性能，在大气中很快钝化，显示出贵金属的性质，所以铁零件镀铬层是阴极镀层。镀铬层在大气中却很稳定，能长期保持光泽，在碱、硝酸、硫化物、碳酸盐及有机酸等腐蚀介质中也非常稳定，但可溶于盐酸等氢卤酸和热的浓硫酸中（图 3-30）。

② 镀铜。镀铜层呈粉红色，质柔软，具有良好的延展性、导电性和导热性，易于抛光，经过适当的化学处理可得古铜色、铜绿色、黑色和本色等装饰色彩。镀铜易在空气中失去光泽，与二氧化碳或氯化物作用后，表面生成一层碱式碳酸铜或氯化铜膜层。它受到硫化物的作用会生成棕色或黑色硫化铜，因此，作为装饰性的镀铜层需在表面涂覆有机覆盖层。

③ 镀镉。镉是一种银白色有光泽的软质金属，其硬度比锡硬，比锌软，可塑性好，易于锻造和碾压。镉的化学性质与锌相似，但不溶解于碱液中，却溶于硝酸和硝酸铵中，在稀硫酸和稀盐酸中溶解很慢。

④ 镀锌。锌易溶于酸，也能溶于碱，故称为两性金属。锌在干燥的空气中几乎不发生变化，但在潮湿的空气中，锌表面会生成碱式碳酸锌膜。

在汽车上，电镀可应用于汽车仪表板、仪表壳、车门内衬、门扣手、标牌、控制器箱体、调节器手柄、开关旋钮、车轮盖、门槛上下饰件、反光镜盒、排挡手柄上的装饰件等。

除此之外，常见的热塑性和热固性塑件均可以进行电镀，但需要作不同的活化处理，同时后期的表面质量也有较大差异，一般只电镀 ABS 材质的塑件。电镀后常见的镀层主要为铜、镍、铬 3 种金属沉积层，在理想条件下，总体厚度为 0.02mm 左右。但在实际生产中，由于基材和表面质量的原因通常厚度会做得比这个值大很多，如电镀光亮铜在 10μm 以上，光亮镍在 15μm 以上，普通铬在 0.3μm 以上。

电镀效果可分为以下 7 种。

① 高光电镀：高光电镀的效果的实现通常要求模具表面良好抛光，注射出的塑件采用光铬处理后得到的效果。

② 亚光电镀：亚光电镀的效果的实现通常要求模具表面良好抛光，注射出的塑件采用亚铬处理后得到的效果。

③ 珍珠铬：珍珠铬电镀的效果的实现通常要求模具表面良好抛光，注射出的塑件采用珍珠铬处理后得到的效果。

④ 蚀纹电镀：蚀纹电镀的效果的实现通常要求模具表面处理出不同效果的蚀纹方式后，注射出的塑件采用光铬处理后得到的效果。

⑤ 混合电镀：在模具处理上既有抛光的部分又有蚀纹的部分，注射出的塑件电镀后出现高光和蚀纹电镀的混合效果，突出某些局部的特征。

⑥ 局部电镀：通过采用不同的方式使得成品件的表面局部没有电镀的效果，与有电镀的部分形成反差，形成独特的设计风格。

⑦ 彩色电镀：通过采用不同的电镀溶液，在电镀后塑件表面沉积的金属会反射出不同的光泽，形成独特的效果（图 3-31）。

图 3-31　彩色电镀轮毂

3. 汽车内饰印刷工艺

（1）移印。

移印是指先将设计的图案蚀刻在印刷钢板上，然后把蚀刻板涂上油墨，利用硅橡胶材料制成的曲面移印头将其中的大部分油墨移印到被印刷物体上。移印适用于印到不规则承印物上（如仪器、电器零件、玩具等），且移印速度快。

移印可以印刷凹凸不平的 3D 和纺织品的表面；可以印刷精确图案和小于 0.2mm 的幼细文字；无论大小规模印刷，成本都较低；高度自动化，对人工的技术要求比较低。

移印工艺多用于印刷不带背光开关的标识，直接在开关外壳上印刷出相应标识，如组合开关手柄上的标识等（图 3-32）。

图 3-32　移印不带背光的开关标识

（2）丝网印刷。

丝网印刷是指用丝网作为版基，并通过感光制版方法，制成带有图文的丝网印版。丝网印刷由五大要素构成，即丝网印版、刮板、油墨、印刷台及承印物。丝网印刷利用图文部分网孔可透过油墨，非图文部分网孔不能透过油墨的基本原理进行印刷。

丝网印刷的墨层厚，印刷出来的图案立体感强，用手都可以触摸到凹凸感，适合高档产品的表面印刷；丝网印刷面积基本上无限制，耗材（网版）的成本较低，并可重复利用。但是，丝网印刷要求产品的印刷面平整，必须是纯平面或规则的曲面；丝印机也可以做多色套印，但多色套印的丝印机价格非常昂贵。

丝网印刷作为一种应用范围很广的印刷，根据承印材料的不同可以分为织物印刷、塑料印刷、金属印刷、陶瓷印刷、玻璃印刷等。丝网印刷工艺由于在花形图案及色彩多样性、灵活性上有着很大的优势，因此在车用内饰面料上也会有很大的应用空间（图3-33）。

图3-33 汽车座椅织物的印花

（3）水转印。

【水转印】

水转印技术是利用水压将带彩色图案的转印纸或塑料膜进行高分子水解的一种印刷工艺（图3-34）。水转印的优点在于不需要额外的模具，单件成本低；但其致命缺点在于成型过程中遇有拉伸形状时，花纹变形非常大，所以只适合做不规则的大花纹，如桃木纹（图3-35）、大理石纹、迷彩纹。同时，随着汽车行业对环保要求的提高，水转印生产线的环境污染问题也越来越受到质疑，其他更环保、表现形式更多样的表面装饰工艺开始出现。

（4）热烫印。
热烫印是一种常见的汽车内外饰塑料件表面装饰技术。在热烫印设备上安装有热烫模头，

图3-34 水转印工艺

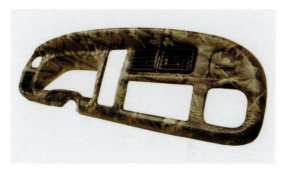

图3-35 水转印仿桃木纹

通过一定的压力与温度，使被装饰产品和烫印箔在短时间内互相受压，把预先涂在热烫印箔膜上的涂层转印在被装饰产品表面。

烫印薄膜采用真空镀铝的方法进行制造。烫印薄膜可改变色彩、图文等装饰效果，设备上安装有膜的传送和卷取装置。烫印夹具（胎具、垫头）包括工作台及传送装置。烫印方式有平烫和滚烫：平烫是指基准面是平面的印模，烫印在平面的工件上或工件的某一部分平面上；滚烫是指压印部分是一根被加热的硅橡胶辊，它可在平面上滚烫（圆烫平），也可以在圆弧面上滚烫（圆烫圆）。汽车上某些型面弧度较大的零件，需要与特定形状的模具配合完成烫印。

常见的烫印薄膜种类及应用：金银系列、激光系列应用于印刷品、塑料品的表面装饰；拉丝箔系列应用于电器用品及一般塑料制品的表面装饰；木纹系列应用于家具、地板等；

全息防伪应用于证件、货币、商标等。铬箔在汽车内外饰零件中应用广泛，如进气格栅、标识、出风口装饰圈等零件。

4. 汽车内饰膜内外装饰工艺
（1）模内装饰工艺——IMD。

膜内装饰工艺（In-Mold Decoration, IMD）就是将已印刷成型的装饰片材放入注塑模内，然后将树胶注射在成型片材的背面，使树脂与片材结合成一体固化成型，使产品达到集装饰性与功能性于一身的效果的技术。IMD在材料表面形成硬化透明薄膜，中间印刷图案层，背面注塑层，油墨夹在中间，可使产品防止表面被刮花和耐摩擦，并可长期保持颜色的鲜明不易褪色。IMD已成为国际风行的表面装饰技术，主要应用于家电产品的表面装饰及功能性面板，常用在手机视窗镜片及外壳、洗衣机控制面板、冰箱控制面板、空调控制面板、汽车仪表盘、电饭煲控制面板等外观件上（图3-36）。

图3-36　应用IMD处理的汽车门内板装饰条

IMD按照制程及产品结构形状的不同，大致分为3种：IMR、IML、IMF/INS。其中，前两种工艺最大的区别就是产品表面是否有一层透明的保护薄膜。

① IMR：模内转印。此工艺是将图案印刷在薄膜上，通过送膜机将膜片与塑模型腔贴合进行注塑，注塑后有图案的油墨层与薄膜分离，油墨层留在塑件上而得到表面有装饰图案的塑件。在最终的产品表面是没有一层透明的保护膜，膜片只是生产过程中的一个载体。IMR的优点：生产时的自动化程度高和大批量生产的成本较低。IMR的缺点：印刷图案层在产品的表面上，厚度只有几微米，产品使用一段时间后很容易会将印刷图案层磨损掉，也易褪色，造成表面不美观；另外，新品开发周期长、开发费用高，图案颜色无法实现小批量灵活变化。

【膜内装饰工艺】

② IML：模内镶件注塑。此工艺的显著特点是：表面是一层硬化的透明薄膜，中间是印刷图案层，背面是塑胶层，由于油墨夹在中间，因此可防止产品表面被刮花，耐摩擦，并可长期保持颜色鲜明（图3-37）。IML的片

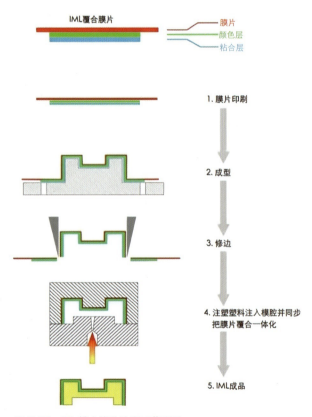

图3-37　IML模内镶件注塑工艺流程

材一般用 PET，也可以用 PC，塑料粒子一般采用 PMMA 和 ABS。IML 的缺点就是不能整体实现 IML 技术，仅仅局限于某一块区域；多用于家电和手机行业，在汽车行业使用较少。

③ IMF/INS：嵌片注塑工艺。此工艺利用热吸塑成型或高压成型的方法，先把转印好的 ABS 板材（一般是 0.5mm 厚）进行三度拉伸，然后依照产品外形裁出嵌片，最后把嵌片准确地置于注塑模腔内，注塑成型。虽然 INS 的工艺相对复杂，但适用于复杂变化的 3D 曲面内饰型面（图 3-38）；INS 的另一个优点就是能够在膜片表面形成非常强烈的 3D 纹理。

图 3-38　嵌片注塑的汽车置物区面板

（2）膜外装饰工艺——TOM。

TOM 是一种可实现更高品质外观效果的 3D 表面装饰工艺，称为三维真空成型表面工艺。它集色彩、纹理等质感效果于一身，可做复杂曲面装饰。目前，可以采用热压、气压及液压等不同的方式来进行产品外观件包覆，通过膜片的不同效果装饰成各种仿其他材质的表面效果，如木纹、石纹、皮革、碳纤维、纸布等（图 3-39）。

TOM 的工艺特点是：触感更真实；性能稳定，可塑性强；色彩表现力更强，更丰富；适用的材质多样化，不仅有塑胶，而且包括玻璃、

图 3-39　仿木纹 TOM 工艺汽车内饰装饰板

金属、木材等；加工效率较高，小件产品可一模多腔，大小件均可实现表面装饰；相较于水转印、电镀、喷涂等传统工艺，更环保，工艺可控性更高；设计自由度大，可适用各种复杂形状，更"深入"地加工，加工过程中可以包覆到产品的逆向勾出部位及末端；包裹边界的范围较大，可满足复杂形状的成型拉伸；定位更容易一些，如文字或图案部分的精度更高。

（3）膜外装饰工艺——真木装饰工艺。

真木作为一种天然的材料，包括桃木、岑木、橡木、黑桦等，其因独特的花纹、质感和立体感而被视为高档的象征，可以提高汽车内饰的装饰品质，所以在豪华车型中应用广泛，镶嵌在仪表板、中控台、门护板、转向盘等区域（图 3-40）。真木装饰工艺是以真实木材作为表面装饰的一种工艺，木质片材热压成型后经过注塑、打磨、上色、表面喷漆或 PUR 注塑、抛光等多道工序，加工制成具有真实木质外观效果的装饰件。

真木装饰工艺是一项高端的汽车零部件制造技术，制程根据材质、表面要求的不同，分为 11～15 道精密工序，其中核心工序 6 道，均利用大型、专业设备制造，但开发周期比较长、模具和设备工装投入较大。纯正的汽车真木内饰产品是现代装备技术与传统工匠

图 3-40　真木汽车内饰

③ 骨架注塑成型。将带有表面木材的半成品放入注塑模具中，注塑成型骨架（图 3-41），骨架一般采用 PC/ABS+GF15%~20% 等材料，厚度一般是 2.5mm。

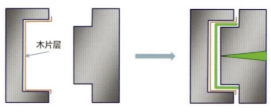

图 3-41　骨架注塑成型

④ 填腻、打磨和上色。对成型后的零件表面进行填腻、打磨等修复工作，然后根据设计师所定义的颜色表面进行上色处理。

⑤ 表面处理。此阶段有两种表面处理方式，即表面喷漆或 PUR 注塑，应根据实际需要选择。

表面喷漆：可以选择高光或亚光效果。

PUR 注塑：通过注塑工艺将 PU 材料包覆到真木表面。相比传统喷漆方式，PUR 注塑的优点是漆膜厚度薄且均匀，生产效率、环保和工艺稳定性优于多道喷漆；缺点是需要设备和模具投入，且不易通过后道工序对产品进行修补。

⑥ 后处理。表面处理后的零件经过 CNC 铣削、表面抛光等处理后，进行检查和包装。

技艺的智慧结晶，不可与低端、简易的水转印仿木纹和后加工手贴木皮制成的仿品相提并论。

真木装饰工艺的核心工艺流程如下所列。

① 原木加工成木片。常用的装饰木材有胡桃木、橡木、白栓木等。整根原木无法用来装饰，首先需要将其裁切成木片，根据所需要的木料和花纹方向采用的不同裁切方式，主要有旋切、横切、四分切和径切。然后，选择纹理清晰、厚度均匀、无虫眼及一定尺寸的木片原料进行后道加工。

② 木片裁切和热压成型。将木片原料根据零件所需要的尺寸裁切成一定形状大小，根据所定义的厚度需求将表皮木片、木胶纸、夹层木片、无纺布、铝片等多层叠加和胶水粘合，然后放入热压模具进行热压成型，形成一定形状的半成品。

3.2 汽车内饰材料与工艺技术创新特点

3.2.1 装饰性

从汽车内饰材料的装饰特性出发,如果应用新的材料或工艺,从色彩应用和纹理设计两个方面来看,可以增强内饰表皮材料的装饰美观效果,提升内饰件产品的品质,起到美化内部空间环境的作用。

近年来,织物类材料不断地更新迭代,出现了花式纱线[多组分复合丝、雪尼尔纱(图 3-42)、金银丝、竹节纱(图 3-43)、七彩丝等]和特殊纱线[夜光纱(图 3-44)、植绒纱(图 3-45)、涂层纱、钓鱼线、皮纱等],它们在汽车内饰中的座椅、装饰板等方面逐渐得到应用。

图 3-44　夜光纱

图 3-45　植绒纱

图 3-42　雪尼尔纱

图 3-43　竹节纱

织物类材料处理工艺的创新主要是特殊化整理,如压花(平板、圆辊),印花(平网、圆网及转移印花、数码印花),烂花,激光雕刻,滴塑,高频焊接,绗缝,绣花,仿麂皮打孔,表面涂层等。

压花技术因其可以在面料表面形成 3D 立体效果,符合偏运动车型的内饰风格,所以可以根据实际需要进行单层面料的压花,也可以进行不同海绵厚度复合面料的压花(图 3-46、图 3-47)。花型在层次上可以有多种变化,如常规的单一高度的压花、高低不同的双层压花及有坡度和斜面的立体压花。

绗缝刺绣工艺也是从民用家纺、服装行业

图 3-46　真皮包裹下的转向盘，压花 + 打孔后处理

图 3-49　皮革座椅的绗缝刺绣

3.2.2　功能性

从汽车内饰材料的功能性出发，如果结合消费者的实际需求，采用新型的纤维材料或新型的整理工艺对内饰表皮材料产品进行再加工，赋予内饰面料新的附加功能，可以起到改善汽车内部环境的作用，提升消费者用车安全和健康。

汽车内饰材料的功能性包括高阻燃、耐高温、智能调温，抗菌、防臭、防霉、防脏，可降解、再生环保、低气味，导电、抗静电、防紫外线，拒水、拒油、防尘自洁、发光、挥香，负离子保健等。

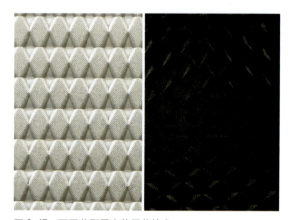

图 3-47　不同花型层次的压花技术

引入车用内饰纺织品领域的。这种工艺的特点是可以通过缝线的绗缝或刺绣来实现花形图案的丰富变化，营造 3D 立体美感（图 3-48、图 3-49）。

原液着色面料就是通过工艺的创新来提升内饰面料的功能性。原液着色面料采用在熔融纺丝过程中加入着色剂的方式进行纤维上色。它实现了纤维制品纺和染两道工序的一体化生产，具有工艺流程短、能耗低、绿色环保无污染、颜色稳定、色牢度好、颜色批差小等优点。

还有绿色再生材质面料，这种面料是一种新型的再生环保面料，其原料是从回收塑料瓶经品检分离、切片、抽丝、冷却集丝而制成的 RPET 纱线，俗称可乐瓶环保布。该面料可回收再利用，可以节省能源、石油消耗和降低二氧化碳排放（图 3-50）。

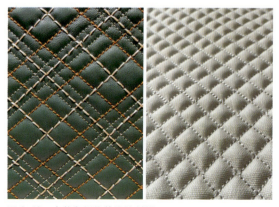

图 3-48　皮革和织物的绗缝刺绣

图 3-50 环保再生材质

低气味舒适透气面料：改变了传统的复合面料结构，采用三维立体间隔织物或车用毛毡来替代传统聚氨酯泡棉，达到改善复合面料透气性和舒适性、降低内饰面料的气味性的目的（图 3-51）。

图 3-51 低气味舒适透气面料

车用内饰纺织品可以根据需要进行各种功能性整理，来满足不同的功能要求，如防水防油防污的"三防处理"、抗静电整理、阻燃整理、抗菌等。例如，采用面料涂层工艺，可保持汽车座椅洁净卫生，这种涂层具有抗污和防水性能，并能保护乘客免受病菌与静电困扰（图 3-52）。

例如，日产研发了一款汗液感测安全汽车座椅，可根据驾驶员的汗液探查其是否脱水，并通过不同的颜色予以呈现，可避免驾驶操作中的失误及降低过错率。这款座椅采用了一种名为"Soak"的涂层材料（汗液感应剂），转向盘及前座上的涂层材料可根据驾驶员汗液的水化值而变换颜色：若驾驶员脱水，座椅及转向盘将呈现黄色；待驾驶员补充完水分后，该涂层材料即变为蓝色。

图 3-52 防水织物面料

3.3 汽车内饰面料流行趋势与开发方向

基于对宏观经济、社会大环境、技术创新进步及人们生活方式的不断发展变化等方面的研究,通过国内外汽车市场的充分调研,从消费者的生活方式和情感需求出发,下面从多重感官下汽车内饰的色彩纹理设计和材质工艺搭配、新技术的创新应用等不同维度,对汽车内饰面料的流行趋势与开发方向进行分析。

3.3.1 汽车内饰面料的流行趋势

趋势一：居家·新精致

居家质感的内饰生活空间已经成为汽车内饰设计风格的主要趋势,尤其是随着自动驾驶时代的到来,这种风格应用越来越多。例如,复古而又带着历史温度的情感关怀,会给人以舒适和温暖的感觉;极简设计的轻奢主义重视细节品质,彰显着高级感,可以表达自我心境、品位和信念。

(1) 温暖·复古：注重复古色彩、手工工艺、暖色调、毛麻质感、木质材料。例如,梅赛德斯-奔驰GLB内饰采用了浓郁的复古风、茶棕色+点缀的亮橙色+质感木纹、手工质感的编织纹理,体现了高级的质感(图 3-53)。

图 3-53 梅赛德斯-奔驰 GLB 温暖·复古风格内饰

(2) 极简·轻奢：注重淡雅中性色、折纸型面、简约直线条、留白设计、流金色嵌边、亚光质感。金色不再是主要的车身颜色,也可以应用在内饰细节装饰上,鎏金色嵌边创造出一种美妙、轻奢的视觉美学享受。例如,图 3-54 所示汽车内饰采用了干净有力的线条+点缝工艺+混纺织物,家居风格代入感很强,将轻奢体现得淋漓尽致(图 3-54)。

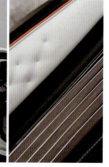

图 3-54 极简·轻奢内饰风格

趋势二：年轻·原力无界

随着互联网技术的发展与普及,汽车消费群体呈现年轻化趋势,拒绝寡淡、时尚趣味和彰显个性已经成为年轻人的追求;轻运动,让自己身心愉悦,随心随性是一种生活态度,也是繁忙都市生活中人们对压力的释放和对自然生活状态的追求;崇尚国潮,对中华优秀文化越来越自信。

(1) 时尚·趣味：注重撞色搭配拼接、定位设计、不对称设计、彩色安全带、表皮材料与金属搭配。例如,双色飘带撞色定位设计,缝线颜色同色系搭配,时尚而个性;安全带已经成为内饰细节设计的关注点,颜色也一改往日的黑色或灰色，使用与内外饰色彩呼应的淡黄色、亮橙色、荧光绿色、红蓝双色与黑色搭配；视觉更有层次，细节设计更偏向年轻人的喜好（图3-55）。

图3-55　双色飘带与安全带的亮色设计

通过包边滚条进行装饰点缀，以增加视觉层次，这已成为趋势。例如，滚条与缝线同色，滚条材质呈现多样化，材质和色彩的对比，增添运动感和活力，又不失时尚和趣味（图3-56）。

例如，图3-57所示汽车内饰中自然红棕色的木纹，略带不安分鸭绿色绒感织物与浅色绒感混纺的座椅搭配，非常时尚动感。盔甲式包覆双色座椅设计与内饰分层式色彩结构，整体层次感突出，富有极强的视觉表现力。

图3-56　包边滚条设计

图3-57　撞色绒感织物内饰搭配

（2）轻运动：注重一体化座椅造型、滚边条材质多样化、轻盈的颜色、粗线条、块面肌肉感、3D立体感。例如，该内饰座椅采用独特的皮革绗缝工艺加块面肌肉感交错的3D效果，小面积地使用复杂几何块面图案，容易突出主体，个性时尚、运动而又不激烈（图3-58）。

图3-58　带肌肉感3D立体感轻运动座椅

例如，图 3-59 所示汽车车门嵌饰件细节丰富，绗缝线的变化（颜色、纹理）增加趣味性，彰显出运动感和活力。

图 3-60　比亚迪 X-DREAM 国潮风的内饰设计

图 3-59　彰显运动感的车门绗缝线和纹理

（3）国潮："国"即中国，"潮"的内涵越来越多元化，是新兴消费趋势，也是前沿文化潮流。当传统与潮流相融合，便创造了惊喜，越来越多的年轻人开始专注于对中华优秀传统文化的匠心演绎和创新呈现，为文化自信写下了生动的注脚。

例如，比亚迪 X-DREAM 以"饰山河·行江山"作为内饰设计主题（图 3-60）。这款概念车的内饰采用了中国传统配色中由浅到深渐变的月白、星郎、青山、品月这 4 种颜色。这组色彩整体饱和度低，纯度偏低，明度适中，带着淡淡的灰调，既沉静又优雅。其中，壮美秀丽的山河风景下也不失精致细腻的个性设计，内嵌在座椅背后的弧面瀑布屏，手边巧如艺术品的彩漆茶杯是内饰设计师在车内搭建的亭台小榭；身后座椅表面自上而下蓝灰渐变色犹如水墨的晕染；由中国结演绎而来的缝线和花纹，使用刺绣工艺嵌入其中，使座椅越显精致。端坐车中，仿佛泛舟湖上，恰似"远尘淡墨调烟雨，一见倾心镌画台"（语出佚名《七绝·青花》），让人身心不觉已从俗世樊笼抽离。

趋势三：智动·新体验

随着 5G 技术的成熟，端到端生态系统、智能化座舱、自动驾驶、一字式全液晶仪表屏等已是大势所趋，人与汽车可以进行多种交互，座椅等零部件生物传感可以采集人体体征信息，为驾乘者的健康与安全提供了保证。

（1）未来工厂：涉及一字大屏、参数化科技纹理、数字化智能表面、深度界面交互等。汽车内饰的科技感变得越来越多元化和人性化，触碰带来了对外互联、信息处理、娱乐等丰富的多维度体验，这些有温度的技术应用让汽车内饰与驾乘者产生情感互动。另外，数码感、参数化纹理的应用，视觉立体效果的随角变化，再配以渐消的几何图案，并增添许多设计故事，可让内饰呈现出未来科技感（图 3-61）。

图 3-61 汽车内饰的参数化科技纹理

图 3-62 透光表皮材料的应用

（2）光影效应：涉及氛围灯、全景天窗装饰玻璃、透明太阳能薄膜、透光表皮材料等（图 3-62）。

照明与氛围灯可以突破传统内饰表皮材与透光表皮、几何图案巧妙结合，呈现出与众不同的灯光效果。光源的强弱、色彩、纹理、材质也可以设计出新的效果，这种半透明材质也是汽车内饰零部件开发的趋势（图 3-63）。

图 3-63 氛围灯的设计

新能源汽车的兴起,大量采用全景天窗+透明太阳能薄膜,不仅提高了内饰透光度,而且具有科技未来感。虽然绿色环保不容忽视,但对于材料的选择尤为重要(图3-64)。

图3-64　科技未来感的全景天窗设计

3.3.2　汽车内饰面料的开发方向

方向一:表皮材料的高端化与绿色环保理念设计

一些豪华车型不再一味地追求真皮内饰的高端,而是采用高端织物面料,在选材和工艺应用上更加复杂,无论在织物的视觉感受还是触觉感受上都体现出更高的品质。在未来车型制造的过程中,更多地使用可再生和可回收的天然纤维和创新型材料,可让整车更加符合环保的理念。例如,宝马VISION NEXT 100概念车中所采用的多种新型材料就是宝马对未来在材料应用上的预想。该概念车的驾驶舱内取消了真皮内饰,更多的是采用高品质的织物和易于回收的新型材料;车身上则主要采用了可回收或可再生材料制成的纤维;侧围板由标准碳纤维生产中的节余材料制成(图3-65)。

图3-65　宝马VISION NEXT 100概念车内部空间

(1)生物基材料。

生物基材料是指利用可再生生物质,包括农作物、树木和其他动植物的内含物及其残体为原料,通过生物、化学及物理的手段制造的材料。生物基材料的概念是相对于传统的石化基材料而言的,目前汽车行业里普遍应用的塑料、橡胶、油漆等非金属材料的原材料基本来源于石化产业,属于高能耗、高污染、不可再生的材料。生物基材料的发展符合当下更加注重环保的大趋势,得到国内外行业的大力支持。

生物基材料可以分为生物纤维、生物提取物和农产废弃物三大类,它们作为传统塑料、橡胶、皮革及纺织品的替代物,可以广泛用作汽车内外饰或者结构件。生物纤维是指由树木、麻、椰壳、竹子等农作物提取的纤维,其中麻纤维又包括亚麻、剑麻、大麻、洋麻等种类,以麻纤维、木纤维为代表的生物纤维复合材料主要用作汽车内外饰件,如车门板、仪表板、座椅靠背等;生物提取物是指以从生物原料中提取的成分作为原料来合成的材料,其中的生物基化学纤维又包括丝素蛋白改性纤维、大豆蛋白改性纤维、酪蛋白改性纤维、蚕蛹蛋白改性纤维、胶原蛋白改性纤维等种类，主要用来替代传统的材料，如聚酰胺（PA）塑料、环氧树脂、碳纤维、橡胶、聚氨酯、织物等的应用；农产废弃物是指以果皮、咖啡渣、虾蟹壳等作为原料制成的材料，可以用来制作纺织品、皮革，或者用作塑料添加剂。

例如，沃尔沃旗下高端电动品牌极星发布了全新的概念车 Precept，其无缝编织成型汽车座椅原料源自可回收的对苯二甲酸乙二醇酯塑料瓶。此外，这款车的内衬和头枕由从红酒软木塞制造中产生的软木废料和瓶塞制成，地毯则利用回收的渔网制成，而面板和座椅背板由天然亚麻纤维复合材料制作，相比传统内饰件减重高达 50%，处处彰显着环保与科技相融合的理念。

又如，旭化成概念车 AKXY2 座椅配有 Cubit™ 缓冲垫，由 PET 和部分生物基 PTT 制成的 3D 网状材料制作。其中 PTT 纤维是一种性能优异的聚酯类新型纺丝聚合物，是可回收可循环使用的绿色纤维，生物基纤维的新星。地垫采用 37% 生物基 PTT 高性能聚合物纤维材料打造，生物基原料部分来自玉米（图 3-66）。

图 3-66　旭化成概念车座椅和地垫

再如，梅赛德斯-奔驰概念车 2022 Vision EQXX 中的门把手拉环采用的是一种生物基纤维材料，这种材料的特点在于更轻质更牢固，并且可以 100% 生物降解。这款车的地毯采用了 100% 竹纤维打造，外观质感非常奢华，且原材料可再生速度很快（图 3-67）。

（2）纯素皮革。

近年来，随着可持续发展的设计理念不断渗透到更多产品领域中，基于自然原料打造的

图 3-67　梅赛德斯-奔驰概念车 2022 Vision EQXX 门把手和地毯

"纯素"环保皮革逐渐火热起来。正常来说，真皮的原料是动物皮，如牛皮、羊皮等，而纯素皮革一般就是合成皮革，也就是用非动物原料打造。而基于自然原料打造的纯素皮革也很好理解，就是指原料来自仙人掌、蘑菇、软木、树皮、菠萝叶、苹果皮等自然及天然领域，也可以理解为一种创新型植物基材料。我们平时常见的有菠萝皮革、苹果皮革、菌丝体皮革等，最大的亮点在于其环保可持续方面的优势显著，在生产过程中可极大降低二氧化碳排放量等。除了生物基来源，很多纯素皮革本身也是一种回收材料，且大部分都可降解。原料获取上来说，纯素皮革更为人道主义，不会对动物等造成伤害，而且来源更广泛。这种纯素皮革相比真皮，一般成本会低一些，但比普通的纯素皮革，如 PVC、PU 等要高。在精密的工艺加持下，纯素皮革可以打造出不输于真皮的外观品质，但耐久性、长久使用的舒适度及使用年限稍差一些，同时可珍藏性与奢华感也不如动物真皮。

随着行业环保理念的不断进步，基于自然原料打造的纯素皮革逐渐受到各行业各龙头品牌终端企业的青睐，目前已经广泛分布于汽车、消费电子、服装、运动鞋、箱包等领域。特别是在国外，应用这种纯素皮革的产品及公司特别多，常用的纯素皮革有仙人掌皮革、菌丝体皮革、苹果皮、菠萝皮等。

例如，梅赛德斯-奔驰早在概念车 2022 Vision EQXX 上采用仙人掌皮革，这种材料由粉碎的仙人掌纤维与可持续的生物基聚氨酯基质制成，质地柔软舒适。

又如，宝马推出的首款采用纯素皮革内饰的汽车，其内饰由纯素植物皮革制成。这种植物基材料使用椰子壳等纤维制成，是美国农业部认证的 100% 生物基材料，只含天然植物和矿物质。这种材料在性能及外观上与真皮极为相似，可定制化生产，生产过程中无须鞣制，减碳无污染，不仅应用于汽车，而且应用于时尚饰件、鞋服、消费品等行业。

【纯素皮革】

再如，日本全日空航空公司 Green Jet 采用生物基皮革打造座椅头枕套，这种材料的表面由 100% 超细植物纤维制成，结合特殊树脂材质打造，其内部和增强织物含有 30% 的植物基聚氨酯。

另外，菌菇类也可以做成纯素皮，如菌丝体皮革，也叫蘑菇皮革（图 3-68）。菌丝在生长过程中，会产生多孔结构的菌丝体，能通过压缩技术制成类似皮革的材料，用于蘑菇皮革制造。这种纯素皮革多用于运动鞋、皮包、时装等领域。具有代表性的就是 Mylo 可持续材料，由美国生物初创公司 Bolt Threads 制造，观感与手感都与皮革十分相似，色彩及纹理均可多样化加工。例如，梅赛德斯-奔驰概念车 2022 Vision EQXX 中的座椅材料采用的就是 Mylo。

图 3-68 蘑菇皮革

方向二：表皮材料的科技智能化，集成数字化，跨界与融合

随着互联网技术和电子科技的发展，汽车内饰也在不断地创新和升级，从传统的装饰性和实用性向智能化和功能化的方向转变。未来汽车驾驶舱的智能内饰将为驾驶员提供更多自主权，智能表面就是这样一种集装饰性和功能性于一体的新型内饰技术，它通过某种介质材料来增加电子功能的产品结构，在人们不需要的时候隐藏，在人们需要时通过接近、手势或语音控制等形式来激活，给予反馈和响应。在信息展现上，智能表面也能够将车内所有功能无缝整合至统一表面，实现无缝衔接。

集成数字化功能已成为一种趋势，智能表面是在传统的内饰表皮材料的基础上，通过柔性电子材料、传感器等的引入，向智能化、可穿戴的内饰产品发展，实现跨界跨学科的创新融合。例如，皮革、木材、塑料、金属、织物材料等和电子系统整合，形成透光表面，具有触摸感应、照明 / 氛围灯、表面激活可振动等功能，可以创造交互、智能、奢华的氛围。

（1）智能织物。
将柔性电子技术与内饰织物进行复合设计，可以构建内置传感器及照明效果的多功能织物。这种智能织物可以应用于汽车座椅、顶棚等位置，还能实现实时监测驾乘者的体征信息并与车辆信息控制系统互联。

例如，宝马 Vision iNEXT 后排乘客可通过手指触碰后排座椅位置的雅卡尔织物表面进行操作，使用手势控制来播放音乐，织物表面下的 LED 灯也会随之亮起（图 3-69）。

图 3-69　宝马 Vision iNEXT 的智能织物

（2）模内结构电子。
模内结构电子技术将印刷电子设备（如电路、触摸控制网格和天线等）和分立电子元件（如 LED 和 IC 等）集成到薄至 2mm 的轻型 3D 注塑成型塑料中，这种集成方式能够设计出创新的外形。模内结构电子技术使用注

【膜内结构电子】

塑塑料作为导光结构，在薄壁塑胶制品中提供照明效果及其他电子功能。传统的车门和盖板等装饰部件，因太薄无法放置电子结构，借助模内结构电子技术便可以将这些位置转换成集成触摸控制、照明和其他电子功能的轻质结构智能表面。

例如，大陆集团 ShyTech 显示屏隐藏了传统由按钮、灯光和开关组成的控制面板，在柔性技术和模内结构电子技术的加持下，将屏幕与内饰设计相融合。该显示屏选择类似木纹、碳纤维或皮革样式的外观，并采用A柱到A柱的解决方案，可以通过语音或触摸指令唤醒，并且能在任何光照条件下自动调节亮度和锐度（图3-70）。

能只在需要时可见，通过触摸或手势的形式进行控制，在不需要时则隐藏起来。同时，智能表面将饰件和人机界面无缝融合，在需要时可以非常方便地转为用户界面，在副驾驶区域的副仪表板，无缝集成了显示和控制功能，可以用来调节空调温度、开关门等，如高合汽车 HiPhi Z 的门板中嵌。

（3）智能互联LED模组。

德国照明巨头欧司朗开发了一种采用表面贴装技术的LED模块，让仪表板和装饰带可以以适应驾乘者情绪的方式改变颜色及亮度。

未来车内照明的LED芯片将连接到互联网，能够根据不同场景智能变换灯光颜色，如在需要驾驶员全神贯注交通及驾驶情况时，氛围灯会发出强烈颜色的光（如红色）或动态照明，以强烈提示驾驶员谨慎驾驶（图3-71）。

图3-70 大陆集团采用模内结构电子技术的显示屏

又如，威马M7采用了i-Surf点阵技术，表面采用了超细混纺编织工艺，利用面料透光性与柔性屏相结合。该界面支持用户自定义界面内容，如显示主题游戏、设置事件提醒及自定义文字或图像等。此外，当侧面来车时，这款车还会提前发出碰撞提醒，通过声光展现安全与科技的结合成果。

门饰板可以集成多种功能，包括氛围灯、触摸屏、智能显示器、座椅控制、空调开关和后视镜调节等。智能表面的设计使得各种功

图3-71 智能互联LED模组

对于CMF设计师来说，要始终保持着敏锐的市场洞察力，通过多种途径捕捉和把握流行趋势，并结合整车设计的要求，将创新的色彩、材质、花形纹理及工艺应用到内饰面料产品的前瞻设计开发中去，实现流行趋势与产品的有机结合。

思考题

（1）常用的汽车面饰材料有哪些？分别有什么用途？

（2）机织和针织的区别是什么？

（3）真皮和人造皮革的优缺点是什么？

（4）中高端车和低端车在木材的工艺选择上有什么区别？

（5）汽车内饰装饰面板的碳纤维纹理可采用哪些工艺实现？

（6）模内装饰工艺有哪些？它们的区别是什么？

（7）汽车内饰设计中选用的绿色可再生材料有哪些？

（8）如何实现汽车内饰材料的智能化设计？

实践题

（1）选择一种汽车内饰材料，对该材料在汽车内饰 CMF 中的创新及应用进行调研与分析，完成调研报告。

（2）参考本章内容，结合用户市场定位，为自己喜爱的某汽车品牌进行汽车内饰的材料与工艺设计。

作业要求：完成一套三维效果图来表现汽车内饰的材料设计方案，并针对选用材料标明所采用的表面工艺。

第 4 章
汽车色彩与面料设计流程

学习目标
(1)通过对汽车色彩与面料设计流程知识的学习,掌握汽车色彩与面料的设计流程方法,以及趋势分析与应用。
(2)具备在汽车色彩与面料设计方面的发现、分析和解决问题的能力,以及逻辑思维能力和设计表现能力。

本章要点
(1)汽车 CMF 设计的基本要求。
(2)汽车色彩与面料的设计流程。
(3)汽车色彩与面料的趋势分析与应用。

4.1 汽车 CMF 设计

4.1.1 CMF 的概念

随着汽车工业的发展，汽车不仅成为一种代步交通工具，而且成为消费者身份的象征，以及文化内涵的体现。一方面，消费者购车更加理性，除了关注汽车整车配置、外观造型，也越来越看重内饰的舒适感和美观性；另一方面，消费者对汽车内饰的材料、触感及气味更加挑剔。因此，对汽车内饰的色彩、纹理和面料设计及制造工艺的合理选择，都是提高汽车内部空间舒适感和美观性的关键。

CMF 是对色彩、材料、表面处理的概括。它是色彩、材料和表面工艺的集成与优化，以赋予设计对象最佳的外观形式、功能和品质。

CMF 设计是一门涉及设计美学、色彩学、材料学、心理学、工程制造等领域的交叉性学科，是从传统产品设计流程中逐渐细化出的，集设计、工程和供应链管理于一体的设计方法。它也是针对色彩、材料和表面工艺最优化的设计解决方案，可使设计对象在美学和功能上达到最佳的平衡，产生最优的用户体验。

CMF 是一个方法论，驱动产品创新的思维工具，也是一个专业技能岗位，要求从业者有跨行业的专业知识背景与丰富的产品经验，从而设计研发迎合消费市场的产品与服务。

随着 CMF 领域的发展，CMF 的概念已经扩展到：Color&Trim（Color 色彩、Trim 装饰）；CMFT（C: Color 色彩、M: Material 材质、F: Finishing 工艺、T: Texture 纹理）；CMFE（C: Color 色彩、M: Material 材质、F: Finishing 工艺、E: Emotion 情感）；CTF（C: Color 色彩、T: Texture 纹理图案、F: Fabric 面料）；CMD（C: Color 色彩、M: Material 材质、D: Detail 细节）；CMFP（C: Color 色彩、M: Material 材质、F: Finishing 工艺、P: Pattern 图案）。不同的概念命名代表着不同的细分行业对色彩、材料与工艺的设计重点与方向。

CMF 在汽车设计环节中的作用越来越重要，很多消费品企业逐渐意识到 CMF 设计是运用低成本实现高价值回报的途径之一，开始对 CMF 设计重视起来。CMF 设计也在多个设计领域中得到了广泛的关注和应用，如服装、电子产品、交通工具、化妆品、快速消费品、医疗产品等设计领域。对于产品来说，CMF 设计可以增加新颖性和品质感。对于品牌来说，CMF 设计可以直接增加品牌价值和利润。这些在汽车这种大宗消费品上体现得更加明显，所以许多汽车品牌近些年成立了专门的 CFM 部门来研究如何提升用户体验与产品的品质感，而汽车色彩面料设计正是 CMF 设计中重要的组成部分。

4.1.2 CMF 的要素解析

在当下的产品设计中，CMF 还包括一个很重要的要素 Pattern。也就是说，C、M、F、P 这 4 个元素，都是产品整体设计不可分割的组成部分。色彩是产品外观效果的首要元素，材质是外观效果实现的物质载体，工艺是成型与外观实现的重要手段，纹理是产品精神符号的外观显现。这四大核心要素构成了产品的 CMFP 设计要素，它们也是体现汽车内饰品质感的介质载体。四者相互制约、相辅相成（图 4-1）。

色彩设计是汽车内饰表皮材料产品开发过程中的首要环节，是满足消费者审美及个性化、多元化需求的重要手段，也是 CMF 设计中最易做出改变的设计要素。合理的色彩搭配可以瞬间改变消费者的心理活动及使用氛围，加强消费者的购物欲望，促进销售额。掌握好产品色彩的搭配特性及原则，有助于提升产品的整体质感、价值、竞争力。赋予产品合适的色彩，是 CMF 设计的常规手段，特别是对特定的流行色来说，色彩营销策略、色彩管理体系和色彩标准化的运用，是 CMF 设计周期短、成本低、商业价值高的好方法。

材质是决定内饰表面材料视觉效果的物质基础和载体，是 CMF 设计中最难做出改变的要素，也是决定工艺、色彩和性能的先决条件。新型材料与材料的新应用对 CMF 设计的重要性是不言而喻的，因为它们为产品创意提供了广阔的空间和丰厚的土壤。在 CMF 设计中，对产品材料的选材涉及面比较宽，一旦给任何一类产品选定了某种材料，就意味着选定了某个产业，包括相关的原材料供应商、工厂、生产线、工艺技术、模具、配套、产品标准，模式等产业链。

工艺是指由材料处理所带来的色彩、光泽、肌理上的变化。在成型工艺的基础之上，进一步加工，通过喷、印、刻、氧、物、化、镀、膜等表面处理工艺，可使产品性能和装饰效果进一步提升。表面工艺按处理方式不同，可分成物理工艺处理和化学工艺处理。表面工艺是 CMF 设计中常用的创新要素。工艺决定了可适用的材料与可实现的色彩，工艺开发成本相对色彩设计来说在时间成本、经济成本上大得多。表面工艺可改善用户、产品、环境之间的亲密性，通过肌理、质感等触觉和视觉感受来改变消费者的心理意象感受，提升设计品质，创造产品特色，提高产品附加值。通过工艺技术的创新应用使汽车内饰面料具有丰富的感官体验，是内饰表面材料创新设计研发的重要方向，如丝网印花、激光镌刻、冲孔、绗绣及层合等技术手段广泛应用，也可通过两种及以上工艺的叠加组合，来满足消费者对内饰表面材料的多维度的感知体验需求。

图纹是产品精神符号的外显。CMF 设计重点关注的是产品外表与消费者心理认同的美学价值，设计触点更多是在精神层面。对 CMF 设计而言，图纹是产品外观品质升华的重要因素。图纹在 CMF 设计中主要包括两个方向：一个是装饰性；另一个是功能性。如今的图

Color　　　　Material　　　　Finishing　　　　Pattern

图 4-1　CMFP 四大核心要素

纹设计不仅包括二维图形的符号特征，而且包括三维立体肌理特征。随着设计多维度的发展，深层次提升了图纹设计的符号含义和视觉体感，是 CMF 设计的重要课题。图纹视觉效果和情感魅力的实现会受限于色彩、材料与工艺。设计风格不同，所选用的纹理和图案也不相同。扁平化的直线条纹理、简约的几何图案，如菱形、三角形、正方形及层次感韵律感的曲线等，在内饰表面材料的纹理设计中应用较多。参数化、渐变渐消、流动缓逝、像素点阵等纹理设计，使得内饰表面材料呈现出更多的科技感和未来感。

4.1.3 汽车 CMF 设计的基本要求

1. 功能要求

(1) 安全性。汽车内外饰的色彩面料选择主要考虑的是安全性。例如，车内座椅和仪表盘的色彩搭配应避免过于刺眼或分散注意力，以保障驾驶安全；在自动驾驶模式下，车内灯光和色彩的搭配需要能够缓解驾乘者的紧张情绪，提供舒适的乘车体验。此外，新能源智能车的电池组和电子元件等关键部位也需要进行特殊的色彩标识和警示，以确保在发生意外时能够迅速被发现并采取相应的安全措施。

(2) 舒适性。汽车内外饰的色彩面料选择对于舒适性有较高的要求。一般来说，柔和的色调和舒适的材质能够营造出更加宁静、温馨的车内氛围，有助于缓解驾驶疲劳和提升驾乘者的舒适感受；米色、灰色等中性色调及皮革、棉麻等舒适材质能够为驾乘者带来更加舒适和放松的感受。新能源智能车在内外饰色彩面料的选择上更加注重与科技元素的结合，车内灯光可以通过智能控制实现多种色彩的调节和氛围的营造，为驾乘者带来更加舒适和宜人的乘车环境。

(3) 美观性。在汽车设计中，内外饰的色彩面料选择对于美观性的影响至关重要。设计师需要通过合理的色彩搭配和材质选择来营造出更加美观和高端的车内氛围。例如，高档车型通常采用深色系或金属色系来营造出更加庄重和高贵的视觉效果，而运动车型则通常采用亮色系或对比色系来强调车辆的动感和活力。随着新能源智能汽车的发展，其在内外饰色彩面料的选择上更加注重个性化定制和智能化元素的应用，通过高度智能化的车内照明系统和多媒体交互界面等科技元素来提升车内美观性和智能化程度。此外，新能源智能汽车在内外饰设计上也更加注重个性化定制服务，以满足不同消费者的个性化需求和提高品牌的差异化竞争力。

2. 情感要求

(1) 人机交互与用户体验。设计师需要通过对车内空间布局、操作界面、按键布局等的设计，让驾乘者能够方便、快捷地使用车辆的各种功能，提高驾驶效率和舒适度。随着 AI 技术和物联网技术的不断发展，车辆将能够更好地感知驾乘者的需求并提供更加智能化、个性化的服务。同时，汽车内外饰 CMF 设计也需要更加注重人体工程学要求和实用性，以提供更加便捷、舒适的使用体验。

(2) 情感化与个性化的追求。汽车内外饰设计承载着车主的情感和风格个性，内饰材质、颜色和布局的选择可以传递出温馨、浪漫、运动、科技等不同的情感和风格。设计师通过更加细腻的设计手法和多元化的材质、颜色选择来满足消费者对车辆内外饰设计的个性化需求；同时，通过更加智能化的灯光系统和可变色的车身材料等创新技术的应用来打造更加独特的车辆形象。

（3）科技与传统的融合。汽车内外饰设计需要在传承与创新之间寻求平衡，传承为创新提供了基础和灵感来源，而创新则为传承注入新的活力和动力。设计师将更多的科技元素应用于汽车内外饰设计，以体现其科技感和未来感，通过高科技元素与传统设计元素的结合来打造出既具有未来感又具有传承意义的车辆形象。

3. 环保要求

（1）健康无毒材料的应用。在汽车CMF设计中，使用健康的、无毒的材料对于提供舒适的驾驶环境至关重要。设计师应选择无毒、低挥发性的材料，避免使用含有有害物质或产生有害气体的材料。一些传统的内饰材料可能释放有害的挥发性有机化合物，而未来设计师更倾向于选择使用健康、环保的替代品，如天然橡胶、棉麻纤维等。

（2）具有防护功能的抗菌材料。抗菌材料可以有效地杀灭细菌，防止细菌传播，减少车内细菌和霉菌的生长，从而提供一个更健康、更卫生的驾驶环境。

（3）废物循环再利用。汽车CMF设计应考虑废物循环再利用的问题。设计师可以使用可回收材料和可降解材料来减少废弃物的产生和对环境的影响，如采用回收的塑料泡沫或天然材料、羽绒或羊毛等，采用降解的材料来替代传统的塑料等不可降解的材料。

（4）自然环保。汽车CMF设计应尽量使用来自天然材质的材料，如由玉米、大豆等制作而成的生物材质。这些新材料不仅可以降低对环境的压力，而且可以降低资源消耗。例如，玉米淀粉塑料可以替代传统的石油塑料，从而减少对石油资源的依赖；通过生物细菌、蛋白质、海藻等生物科技研发的有机面料，可为汽车提供更健康、更环保的驾驶环境。

（5）清新空气。设计师可以通过使用活性炭过滤器或其他空气净化技术来过滤车内空气中的有害物质和异味，也可以通过使用环保材料和减少车内挥发性有机化合物的排放来进一步改善车内空气质量；同时，内饰的设计材料可以考虑采用能够释放清香的天然材料或添加香薰元素的设计，为驾乘者提供愉悦的驾驶体验。

未来汽车内外饰色彩面料的趋势将更加注重环保、舒适、智能化和个性化等方面的发展。随着消费者对汽车品质和个性化需求的不断提高，以及汽车技术的不断发展创新，未来汽车内外饰色彩面料将呈现出更加多样化、智能化和个性化的特点。设计师需要通过深入研究和不断创新来满足消费者的需求，推动汽车行业的发展进步。

基于汽车CMF设计的基本需求，各大汽车厂商进行了色彩面料方面的设计探索，推出了多款概念车来展示它们对未来汽车发展的远景猜想，共同探索行业未来发展。

4.1.4 汽车CMF设计的内容

在整车项目开发立项之前，应根据目标人群的喜好进行产品定位，并对同级别车型进行调研分析，对电子产品、服饰、家居等的流行趋势进行提炼，对新材料、先进工艺的信息进行收集和研究。

1. 消费群体分析

针对消费群体的年龄、学历、收入、价值观、兴趣爱好等方面进行剖析，了解不同消费群体的差异化，精准确立产品的优势，进行更有效的品牌营销，更加敏锐地捕捉潜在用户市场，以迅速占领市场份额，提高市场占有率。

2. 竞争车型调研
对竞争车型进行 CMF 调研分析，收集竞争车型的销售情况。对比同类车型不同年代的设计语言，分析汽车项目的 CMF 设计趋势，明确 CMF 设计方向。

3. 材料工艺研究
对竞争车型进行拆解，以及对新材料、新工艺进行收集和分析，对相关零部件用材及制造工艺进行初步梳理。根据不同等级车型，综合产品成本要求，制订切实可行的 CMF 技术方案，与零部件供应商共同探讨，逐步完善技术方案，避免好的 CMF 设计创意成为空中楼阁。

4. 流行趋势提炼
市场变幻莫测，只有了解消费群体的想法，将最新的流行趋势融入 CMF 设计中，与消费群体的购买欲相呼应，才能使产品立于不败之地。

5. 设计灵感来源
灵感是保证产品持续性创新力和生命力的关键，人无时无刻不在受自然、环境、建筑、服装、家电等影响，需要通过对生活进行发掘与思考，从中汲取新鲜灵感，将新的图案、新的颜色、新的创意融入 CMF 设计之中。

6. 产品设计语言
设计就是语言，是产品与人的沟通方式。被注入情感的设计会无时无刻不在影响消费者，会令人不由自主地与之沟通。如果人与设计之间产生了情感联系，那么设计的产品就不只是一件产品了，而是生活中不可或缺的一部分。

7. 成品的设计方案
通过上述"量的积累"，CMF 设计师经过融会贯通，将所提炼的颜色、图案、材料及制造工艺，根据项目的实际情况，应用于产品设计之中，会达到"质的飞跃"。

4.2 汽车色彩与面料设计流程解析

随着国内消费者对新能源汽车的接受度日益提高，各大车企不断加强产品的研发力度，跨界融合和相互赋能成为汽车产业发展的新特征。消费变革和技术变革重新定义了汽车，电动化、网联化、智能化成为汽车发展的潮流和趋势，智能网联汽车的市场牵引力越发凸显。在这样的背景下，CMF 设计师需要了解系统的汽车 CMF 内饰材料设计流程，以帮助企业提高产品品质、缩短开发周期、降低生产成本，并带来更多的产品竞争力；同时，也需要适应新的汽车发展趋势，为消费者带来更加优秀和独特的驾驶体验。

汽车色彩与面料的设计流程通过研究市场其他品牌的设计策略、行业宏观的流行趋势、特定车型的设计特征，进而细化品牌的汽车色彩与面料设计策略，梳理出一套适用于品牌汽车的色彩与面料设计流程，探求品牌与汽车色彩与面料设计之间的关系，使汽车色彩与面料设计符合品牌形象并为之推动品牌的建设，进而提升产品市场竞争力。

汽车色彩与面料设计将与外饰造型设计和内饰造型设计同步进行，根据品牌文化、车型定位、用户需求、造型设计语言制订有针对性的色彩面料设计方案。色彩面料的设计主要由负责汽车 CMF 设计的相关部门负责，同时有多个部门协作：造型设计部协助确定色彩纹理设计方案，项目组内外饰部协助确定配置方案，材料工程师协助方案与材料工艺相符性验证。

4.2.1 项目输入阶段

项目输入阶段需要对汽车项目要求和定位进行了解，从而确定项目类型。项目要求和定位包括汽车的配置参数、开发周期、汽车的市场定位。汽车的配置参数主要是指车身比例、尺寸、车身及车内的功能与配置；开发周期是指立项时规定的项目整个开发的时间段；汽车的市场定位是指项目成本规定、目标市场的销售状况等。

4.2.2 调研分析阶段

在着手 CMF 设计以前，进行调研分析是与消费者拉近距离的一项基础性工作。用户研究涵盖使用场景分析、消费者生活方式、消费者需求等。竞品分析包括竞争品牌的产品分析，还有具备隐性竞争特征的产品分析，从中可以发掘设计规律与根据，来定位现有和未来的产品。材料工艺研究分析是对竞争车型进行拆解，以及对行业新技术和新材料进行整理分析，根据项目的要求制订切实可行的色彩与面料设计方案。趋势研究与分析主要包括对行业趋势、跨领域审美趋势、权威流行机构发布的趋势报告、色彩设计趋势、消费者资料的收集，进而归纳整合出趋势方向。下面主要介绍用户研究、趋势研究与分析、归纳整合。

1. 用户研究

用户研究是以人为本的设计中非常重要的环节，它针对项目定位的消费群体进行细分研究：一方面用于了解用户习惯和用户特征、明确用户需求及对现有品牌的态度和认知等；另一方面用于发现产品问题，寻找解决方案，优化产品以提升品牌竞争力等作用。通过对用户进行有计划、有系统的资料收集与分析，最终形成用户调研报，以帮助设计师确定设计方向，完善设计方案。

用户调研的方法有很多种，以下是一些常见的用户调研方法。

(1) 用户观察。用户观察是指通过观察用户在自然环境中的行为，了解用户对产品或服务的需求和习惯。它是研究者根据一定的研究目的、研究提纲或观察表，用自己的感官和辅助工具去直接观察被研究对象，从而获得资料的一种方法，具有目的性、计划性、系统性、可重复性等特征。它主要通过布景、结构、用户知情度、调研参与度和维度进行观察。

用户观察的步骤如下所述。

步骤一，明确研究方向。用户观察前需要确定研究的对象和研究的问题，并以此作为依据进行取样。

步骤二，制订观察计划。制订观察计划包括观察对象描述、观察地点、采用的方式，以及可能需要的设备器材、观察的次数、需要搜集的内容。

步骤三，观察方式的选择。驻场设计师只需要考虑某几个因素的不同情形可能对产品产生的影响，因为结构化观察会提供更集中、更量化的数据分析。

步骤四，观察的框架。例如，使用"POEMSI"框架进行观察，在进行观察的过程中，研究者要注意看、听、问、思、记等互相配合，达到最佳效果。其中，P代表People，即被观察者；O代表Object，指观察时看到的物体，尤其指与被观察者相关的物体；E代表Environment，指观察内容所处的环境；M代表Message，指被观察者事件过程中可能相关的信息；S代表Service，指被观察者在事件中可能涉及的服务。

步骤五，观察后的整理与分析。对观察结果的分析有多种方式，如卡片法、计算机生成的框架数据分析等。

例如，威利斯吉普车（图4-2）是第二次世界大战时期由威利斯汽车制造厂研发和生产的一款轻型越野侦察车。这款车的外观简洁、实用，采用了高底盘设计，具有出色的越野性能和机动性，能够适应各种恶劣的环境，其色彩面料设计正是针对用户的使用场景和需求而打造的。威利斯吉普车以其经典的全车身军绿色设计而闻名，这种色彩完美地展示了其军用性质。作为一种军用保护色，军绿色与地球的大部分植被覆盖相协调，具有较低的色彩饱和度，容易降低其在战场上的视觉影响力。因此，无论是在山谷还是林间的作战环境中，军绿色都可以完美融入其中，成为隐蔽性最强的色彩，有效混淆敌方视觉。这样不仅有利于提高军队的安全性，而且有利于突袭作战和伪装作战的进行，使军队能够以隐匿的优势战胜敌人，达到预期的作战效果。

这款经典车型的外观并非采用标准喷漆，而由全金属打造，跟最初开发时一样是原汁原味的"铁皮车"。威利斯吉普车的外形充满了工业时代的金属美感，见棱见角的长方盒子设计充满了力量感，其实用性更得益于帆布车顶和帆布座椅的设计。与金属相比，帆布质地柔软、可拆卸，将普通越野车变为全敞篷越野车，具有更强的可塑性，也提高了威利斯吉普车的实用性。

（2）问卷调查。问卷调查是调查者通过统一设计的问卷来向被调查者了解情况，征询意见的一种资料收集方法，可以在短期内收集大量回复，也可以借助网络传播调研来降低成本，应用性广泛。

在设计初始阶段，此方法可用于收集目标用户群对现有产品的使用行为与体验信息，也可用于测试产品或服务设计概念，以帮助设计师对不同方案进行选择，同时也能评估消费者对概念的接受程度。问卷的形式有多种，设计师可以依据实际情况选择面对面提问、电话问卷、互联网问卷、纸质问卷等方式。

采用问卷调查时要注意，问卷中的问题应以项目的研究问题为基础；有效地提问并不是一件简单的事，问卷的质量决定了最终结果是否有用；在使用问卷调查之前，要先仔细

图4-2　威利斯吉普车

斟酌问卷的内容和结构。问卷调查的结果取决于研究的目的，例如，了解某种用户行为或观点出现的频率、用户对现有解决方案优势与劣势感知的频率、某种需求出现的频率等，这些调查结果可以为设计师提供目标用户的相关信息，并有助于找到设计项目中需要重点关注的地方。

问卷调查法的步骤见表 4-1。

表 4-1　问卷调查法的步骤

序号	内容
步骤 1	依据需要研究的问题确定问卷调查的话题
步骤 2	选择每个问题的回答方式，如封闭式、开放式或分类式
步骤 3	制定问卷中的问题
步骤 4	合理、清晰地布局问卷，决定问题的先后顺序并归类
步骤 5	测试并改进问卷
步骤 6	依据不同的话题邀请合适的调查对象，随机取样或有选择地选择调查对象（如熟悉该话题的人群也分不同年龄与性别等）
步骤 7	运用统计数据展示调查结果和被测试问题与变量之间的关系

除了以上两种主要的方法，用户调研的方式还有以下 5 种。

（1）用户访谈。设计领域的用户访谈是设计师与被访谈者面对面的讨论，这能帮助设计师更深入地洞察和理解消费者对产品或服务的认知、意见、消费动机及行为方式。设计师也能通过访谈从业内专家处收集相关信息。访谈可以是面对面的，也可以通过电话、视频通话等远程方式进行。

（2）焦点小组。焦点小组是指集中在一个或一类主题，用结构化的方式揭示目标用户的经验、感受、态度、愿望，并且努力客观地呈现其背后的理由。它是经过长期实践而稳定下来的一种用户体验研究的方法，能够在一两个小时之内直接面对多名用户，获得第一手的信息，参加人数通常以 4~6 人或 8~12 人为宜。

（3）用户测试。用户测试是指让目标用户在实际环境中使用产品或服务，观察用户的行为、反应和反馈。

（4）实验技术。实验技术是指通过实验测试用户对产品或服务的反映，以了解产品的性能、用户体验和用户需求。

（5）数据分析。数据分析是指通过收集和分析用户在使用产品或服务过程中产生的数据，了解用户的需求和行为。常见的数据分析方法有描述性统计、聚类分析、相关分析等数理统计方法，其主要目的是作为用户模型建立的依据，提供解释简易和解决方法的依据。

这些方法可以单独使用，也可以组合使用，具体取决于调研的目的、受众和资源情况。在选择用户调研方法时，需要综合考虑调研的可靠性、有效性和经济性。用户调研是改进产品或服务的重要步骤之一，需要认真考虑多种因素，以确保调研结果准确可靠，为改进产品或服务提供有力支持。

2. 趋势研究与分析

趋势研究与分析主要是对色彩与面料及相关行业的发展趋势的研究，分析未来市场需求，找到设计方向，需要对国内外不同车型市场的色彩与面料进行设计分析，分析不同类型车型的色彩面料设计风格与市场竞争力，区分不同产品的设计特点。作为汽车色彩面料设计师，不能把目光局限在市场上的量产车型上，也需要了解其他行业及概念车设计对于色彩面料的研究与发展,以提升对色彩面料发展趋势的敏感度,快速捕捉市场需求,探索出符合汽车行业发展和用户需求的色彩面料设计。

汽车色彩面料设计趋势也在不断变化,研究方法主要包括以下3种。

(1) 数据收集和分析。收集和分析汽车行业的色彩面料设计数据包括流行趋势、市场调研、竞品分析等,以了解消费者需求和行业发展趋势。

(2) 观察和追踪热点事件。关注汽车行业的热点事件和技术进展,以及相关的艺术、文化和社会趋势,分析这些趋势对汽车色彩面料设计的影响。

(3) 提出假设并进行实验。根据收集的数据和观察到的趋势,提出有关汽车色彩面料设计的假设,并通过实验或模拟来验证假设的有效性。

在进行汽车色彩面料趋势研究前,收集到准确、详细和最新的资料至关重要。为了获取这些资料,研究者需要从不同的层面和角度进行考虑。

(1) 社会环境。社会环境中需要关注社会的价值观、消费趋势和审美偏好。这些因素将影响汽车色彩和面料的流行趋势,以及消费者对色彩和面料的接受程度。社会环境具体分为以下3个方面。

① 消费者需求和行为。消费者对于汽车色彩与面料的偏好和需求是影响趋势的重要因素。消费者对于个性化、独特性和高品质感的追求,推动了汽车色彩与面料的多样化、精致化和创新化发展。

② 社会发展和文化背景。社会和文化趋势对于汽车色彩与面料的影响也是显而易见的,不同国家和地区的文化传统和价值观的差异,都会对汽车色彩与面料的设计产生影响。

③ 法规和政策。法规和政策也是影响汽车色彩与面料趋势的重要因素。政府对于汽车排放和能源消耗的限制和要求,以及环保法规的加强,都可能对汽车色彩与面料的设计开发产生影响。

(2) 行业环境。在商业层面的行业环境中,需要关注汽车行业的最新动态、市场趋势和发展方向。这包括汽车制造商的新产品发布、市场调研报告、行业内的新闻和趋势预测等;此外,行业机构发布的趋势报告也是非常有价值的参考资料,它们通常会分析汽车色彩和面料的最新流行趋势(表4-2~表4-4)。行业环境具体分为以下3个方面。

表 4-2　具有趋势参考信息源的专业机构

信息源	来源机构
趋势参考	Trendstop、NellyRodi、WGSN、Peclers Paris、Fashion Snoops、POP(全球)时尚网络机构、蝶讯网、中国服装协会、热点发现等
纺织面料专项趋势参考	美国国际棉花协会、国际羊毛局、中国纺织信息中心、华纺资讯、中国纺织网、WOW-TREND热点趋势等
色彩专项趋势参考	PANTONE、NCS、RAL、国际流行色协会、中国流行色协会、日本流行色协会、美国色彩协会等
材料专项趋势参考	BASF、AkzoNobel、PPG涂料、卡秀堡辉、松井涂料、Merck等
时装专项趋势参考	International Textiles、Fashion Report、VOUGE时尚网、Moda、Hi Fashion、《流行通信》《国际纺织品流行趋势》《服装设计师》《流行色》等
专业网站参考	服装网、服饰中国网、服饰流行前线等

表 4-3 具有趋势参考信息源的展会

信息源	来源机构
三大消费电子展	AWE 中国家电及消费电子博览会、CES 美国消费电子展、IFA 德国柏林消费电子展览会等
三大家具展	美国高点国际家具展览会、德国科隆国际家具展览会、意大利米兰国际家具展览会等
主要汽车展	德国法兰克福车展、法国巴黎车展、瑞士日内瓦车展、日本东京车展、中国北京车展、中国上海车展、中国广州车展、中国成都车展等
移动通信类展会	世界移动通信大会、重庆国际手机展、中国国际智能手机及苹果周边产品展览会、上海国际移动电子展览会等
触屏及手机玻璃展会	上海国际触摸屏展览会、深圳国际全触与显示展、深圳国际 3D 曲面玻璃及制造技术展览会、广州国际 3D 曲面玻璃及触控面板玻璃技术展览会等
服饰面料参考展会	法国第一视觉面料博览会、法国巴黎纱线针织品展览会、中国国际服饰博览会等
设计类展会	设计展、时装周等
材料展	中国国际塑料橡胶工业展览会、德国 K 展等
工艺技术设备展	日本国际机床展览会、美国芝加哥国际制造技术（机床）展览会、欧洲国际机床展、中国国际机床工具展览会、中国深圳国际机械制造工业展览会等
皮革展	亚太区皮革展等

表 4-4 具有趋势参考信息源的论坛

信息源	来源机构
论坛参考	国际 CMF 设计大会等

① 跨行业设计趋势。国际时装周和流行色协会的发布，以及设计师的创意和灵感，都可能对汽车色彩与面料的设计产生影响。

② 行业技术和材料进步。汽车行业技术和材料的不断进步，为色彩与面料的设计和制造提供了更多的可能性。例如，可持续的生物质材料、高科技的复合材料及智能可交互材料等新型的高科技材料和加工工艺的应用，使汽车色彩与面料可以拥有更多的纹理、光泽和质感，让汽车外观呈现出更加真实和细腻的品质，从而满足消费者对于个性化、舒适性和环保等多种需求。

③ 汽车设计和制造的趋势。汽车设计和制造的趋势也是影响汽车色彩与面料趋势的重要因素。汽车的轻量化、智能化和电动化的趋势，推动汽车色彩与面料的设计向更简洁、更科技、更环保的方向发展。数字化和智能化的设计制造技术的应用，使得汽车色彩与面料的设计和制造更加高效、精确和灵活。例如，3D 打印技术的应用，可以快速地制造出复杂的结构和设计，从而为设计师提供了更多的创意空间。

（3）产品环境。汽车市场的需求和竞争状况也是影响汽车色彩与面料趋势的重要因素。市场需求的变化和竞争对手的策略，以及经济的增长有助于市场的稳定，可以推动汽车行业的发展和进步，从而对汽车色彩与面料的设计产生影响。

总之，汽车色彩与面料设计的趋势受到多种因素的影响，包括消费者需求、行业技术进步、设计制造趋势、社会文化因素、国际流行趋势、市场需求和竞争、法规和政策、科技和创新、文化和价值观等。这些因素之间相互作用，共同推动汽车色彩与面料的不断发展和创新。

3. 归纳整合

在汽车色彩面料趋势研究中，归纳整合是最后也是关键的一步，它将前面各个步骤的结果进行整理和升华，形成具有指导性、实用性、可操作性的研究文本。以下是在归纳整合阶段需要开展的工作和要注意的事项。

（1）热点筛选与展开。在前期的热点筛选和展开阶段，选取若干个热点，并从原因和影响两个角度对每个热点进行详细的分析。这些热点包括可持续发展的环保理念在汽车色彩面料设计中的应用、消费者对于个性化定制的需求、智能网联技术的发展及自动驾驶技术的应用等；通过查阅相关的文献和数据，分析这些热点的发展趋势，并形成论证。

（2）热点碰撞。在热点碰撞阶段，将选定的热点进行碰撞，以发掘其中的趋势焦点。通过对比分析各个热点之间的联系和差异，寻找它们之间的交叉验证，从而形成更加全面和深入的论述。在这个过程中，还可以结合其他相关领域的知识和信息，进一步丰富研究内容。

（3）热点整合。在热点整合阶段，需要将各个热点进行有机结合，协调统一。根据研究需求进行趋势展望，并总结出未来发展方向。在这个过程中，一定要注意保持研究文本的连贯性和一致性，确保各个热点之间的相互联系和支撑。

在汽车色彩面料趋势研究的归纳整合阶段，需要注意保持研究的深度和广度，在每个热点之间建立联系，并综合考虑其他相关领域的信息和趋势，以形成全面而准确的研究结论。

随着互联网的快速发展和智能化时代的到来，前端领域也在不断演进。随着汽车产业的不断升级和转型，汽车色彩面料设计趋势也在不断变化。设计师需要掌握前端趋势研究的方法，分析当前的社会、技术和设计趋势，将归纳整合的汽车色彩面料设计趋势报告应用于设计之中，为前端领域的未来发展提供参考。

4.2.3　策略定位阶段

此阶段需要重点进行品牌调研与分析，通过了解品牌的背景知识，包括品牌发展历程、品牌产品线、品牌个性、品牌定位、品牌文化等，以便对品牌的核心内涵有清晰的认知，进而将品牌情况载入品牌个性测量模型对品牌个性进行测量，然后结合用户对品牌个性的感知评价进行比对，发掘品牌塑造的优化方向。不同的品牌蕴含不同的文化内涵、技术形式和技术形态，以及市场定位和模式。品牌的树立和定位也决定了产品的发展方向和定位。

品牌个性是指品牌在形象、产品设计等方面所展现出来的独特风格，它源于心理学中与人格特征相关的理论。品牌个性由企业形象、用户形象、品牌符号、品牌传播等方面组成，这些方面共同塑造了品牌的差异化特征。品牌个性是品牌形象的重要组成部分，可以体现品牌的价值观念和承诺，能够向消费者传递一种信任和一致性，可以进一步提升品牌形象和价值。

品牌文化则是品牌个性的核心，通常融合了企业文化、民族特性和时代特征。下面主要介绍品牌文化。

1. 企业文化

在汽车内外饰设计中，需要将品牌文化与企业文化保持一致以区别于其他品牌；同时，与民族文化结合以快速激发本土用户的情感共鸣。色彩与面料设计也是品牌文化与时代相结合的一种表现形式。不同的时代有不同的审美偏向和消费观念，因此，汽车的色彩与面料设计会顺应时代的潮流而不断迭代，以适应不断变化的市场和用户类型，也会根据整车的设计策略和理念进行匹配和协调，以确保整个车型设计调性的统一。

2. 民族特性

民族特性是指各个民族在长期的历史发展过程中形成的独特、稳定且具有标识性的文化、习俗、信仰、价值观等集体心理和行为特征。不同民族的文化和个性的差异导致了不同国家在汽车设计中的表现方式也存在明显差异。在品牌传播中，可以通过讲述与品牌相关的民族文化故事来增强品牌的文化底蕴和用户黏性；在产品设计和制造中，也可以通过融入民族传统工艺和制作技术等来提高产品的品质和附加值。例如，中国红旗汽车和德国梅赛德斯－奔驰汽车的设计风格各异，这种差异正是不同民族文化和个性的体现。西方元素注重局部的精雕细琢，而中国元素则强调整体的和谐与韵味，这种运用手法的差异直接影响了中西方汽车设计的风格和理念。

国产自主品牌车型设计应不断深入发掘中国文化元素，通过革新与突破的形式传承中国文化元素，设计出能够承载和传播民族特色和文化内涵的汽车产品，提升中国汽车产业的竞争力和影响力，满足消费者对民族文化和民族特色的追求和期待。

3. 时代特征

品牌文化中的时代特征在汽车色彩面料中也有相应的体现。不同时代的汽车色彩面料在颜色、材质和功能等方面都有不同的特点，反映了不同时代人们的需求、价值观和文化特征，具体如下所述。

20 世纪初：在汽车工业发展的早期，由于生产技术和材料的限制，汽车色彩面料相对单一，以黑白为主，强调的是实用性。因此，这一时期的汽车色彩面料没有过多的装饰和细节。

20 世纪中期：随着工业技术的发展和消费者需求的提高，汽车色彩面料开始多样化，出现了多种颜色和材质的选择。这一时期的汽车色彩面料更加豪华和高档，以适应消费者对于舒适性和豪华感的需求。

20 世纪末：随着科技进步和环保意识的提高，汽车色彩面料开始注重环保和节能。这一时期的汽车色彩面料开始采用更加环保的材料和颜色，如可回收材料、低挥发性有机化合物等；同时，汽车色彩面料设计也开始注重个性化需求，以适应消费者对于个性和时尚的追求。

21 世纪初：随着全球化和互联网的发展，汽车色彩面料开始注重智能化和互联性。这一时期的汽车色彩面料开始配备更多的智能化设备和功能，如智能传感器、可交互的面板等；同时，汽车品牌之间的合作也成为这一时期的趋势之一，如宝马和科尔尼合作的 iDrive 系统，其智能化和环保的理念成为这一时期的创新之举。

总的来说，品牌文化和品牌个性是相互联系的，它们在汽车设计中都发挥着重要的作用。通过不断地更新和迭代品牌文化和品牌个性，可以更好地满足消费者的需求和市场变化，从而不断地提升品牌的价值和市场竞争力。

4.2.4 方案设计阶段

方案设计阶段的设计流程分为方案设计前的准备，包含建立目标用户画像、设计主题与情绪板，而方案设计中有构思与设计、渲染验证环节。下面主要介绍方案设计前的准备内容，并重点介绍情绪板制作。

1. 建立目标用户画像

目标用户以典型用户为原型，集合了人们的生活态度、价值观、活动场景、对产品的诉求和痛点的表征。目标用户原型的建立基于真实的数据，将有效地规避人们对于市场或消费者的误解或刻板印象。用户调研完成后，可使用人物角色方法交流所得的结论。在产品概念设计过程或与团队成员及其他利益相关者讨论该概念时，也可使用人物角色。该方法能助设计师持续性地分享对用户价值观和需求的理解和体会。

人物角色也称人物志，用于分析目标用户的原型，描述并勾画用户行为、价值观及需求。人物角色创建步骤如下所列。

(1) 大量收集与目标用户相关的信息。
(2) 筛选出最能代表目标用户群且相关的用户特征。
(3) 创建3~5个人物角色，将每个人物角色的主要责任和生活目标都列入其中。

2. 设计主题与情绪板

在明确设计定位和用户定位之后，设计师可以拟定设计主题关键词并从多个方面收集灵感来源。这些灵感可以构成情绪板，作为辅助工具传达设计概念，主要目的是与目标消费者建立情感联系。情绪板的表达方式包括字面表达和不同视觉元素的拼贴等，需要遵循统一性和精准性原则，确保所有图片、文字元素一致地表达设计主题，并明确地传达重点。

情绪板与方案设计一脉相承，通过这种方式设计师可以将设计理念可视化并传达给客户和其他团队成员，促进有效的沟通和合作。

用户画像与情绪板侧重点不同：用户画像侧重于对用户生活环境、社会活动及文化等生活方式的梳理；而情绪板则主要关注支撑设计程序的关键的、具体的美学元素。在进行汽车色彩面料设计时，建议同步创建用户画像和情绪板，因为这样有利于将两者结合起来，将情绪板视觉和功能元素会与目标用户定位与设计对应起来。

3. 构思与设计

在构思与设计阶段，应在前期准备工作中充分考虑品牌、产品定位、目标市场、竞争对手，以及竞品设计的参考性、趋势的应用性和品牌个性的体现。在色彩设计方面，应注意色彩选定的依据和合理性，注重色彩搭配的协调与对比，同时考虑主色调、辅助色和点缀色的使用比例。在面料设计方面，应注重材质与色彩、纹理的搭配的不同视觉效果，选择适合的材质以实现设计效果的需求。最后，需要注重方案的可行性和可实现性，设计方案必须考虑实际制作条件、工艺和成本等方面的限制，确保方案能够得到顺利实施并提高产品的质量和用户体验。

4. 情绪板制作

(1) 设计主题一。

用户画像（图4-3）：以一对夫妻Lily和John为例，他们是深圳这个繁华都市中的典型中产阶层代表。他们在生活和工作中都展现出了独特的品位和价值观。

妻子Lily，45岁，是一名主任医师，在医疗领域有着丰富的经验和深厚的专业知识。她凭借出色的专业能力获得了稳定的收入和社会地位。她对生活的品质有很高的要求，欣赏有品质感、能体现身份和气质的产品，更注重其做工精细和设计独特性。她热爱阅读，喜欢通过书籍来丰富自己的知识和思想，同时也对健康和养生有着高度的关注。

丈夫John，45岁，是一名对外贸易公司的部

图 4-3 主题一用户画像

门经理。他的工作需要频繁地出现在高端商务场合，因此，对穿着和外在形象的要求很高。他需要高品质的衣物和配饰来展现他的专业素养和身份地位。他注重生活的仪式感，经常为家人安排各种庆祝活动和聚会，无论是孩子的生日、结婚纪念日还是家庭成员的成功，都会以独特和创意的方式庆祝。同时，作为一个对生活充满热情的人，他也喜欢尝试新的事物，如烹饪、手工艺品制作等。

该案例的用户需求特征较为明显，他们都对生活有品质感的追求，对于设计和工艺有较高的鉴赏能力。为满足用户的需求，设计师做出以下构思。

在情绪板中，有两种不同的搭配方案，以适应不同性别和个性的需求。

设计方案：主色调以米白色和葡萄酒红色为主。米白色清新自然，带给人一种纯净和温馨的感觉；而葡萄酒红色则是一种充满优雅和高级感的高级色调，同时也透露出一种低调的内涵。这种搭配既适合正式场合，又适合休闲和日常穿搭，能够展现出女性的独立、自信与魅力。辅助色选择香槟金色。香槟金色作为一种华丽的金色，不仅具有华丽感，而且能够增加整体的高级感和品质感。在材质方面，主要选择皮质、金属和水晶，这些材质都具有高质感和高光泽度，能够完美地呈现出主人的优雅和高级感。表面纹理以细腻的线性纹理为主，辅以山水纹理，低调优雅，能够体现主人的干练和自信（图 4-4）。

（2）设计主题二。

用户画像（图 4-5）：Alan，36 岁，是一名私企部门经理。他在三亚工作，独身，养有一只 3 岁的拉布拉多宠物狗。Alan 喜欢简单的穿搭，更注重舒适度而不是时尚感。在选择衣服和鞋子时，他更倾向于选择那些穿着舒适、易于搭配的款式。这也反映在他对汽车内饰的要求上，他希望汽车内饰设计简洁大方，不要过于烦琐，在符合环保和可持续发展的要求的同时保证色彩面料的舒适性。他喜欢带着自己的宠物一起旅游。这意味着他

图 4-4 主题一情绪板

图 4-5 主题二用户画像

在选择汽车时，在内饰上会考虑宠物的需求和舒适度，如宠物需要的空间和便利设施等。

综上所述，Alan 要求的汽车内饰的特点是简单，注重舒适性和环保。在设计和选择汽车内饰时，需要充分考虑他的需求和偏好，以提供符合其要求的色彩面料设计。

色彩方案：情绪板中的主色调以灰色、白色、木头原色为主，辅助色运用米白色，采用深绿色调搭配。这种色彩搭配不仅简洁大方，而且能够传达出自然、简朴和环保的感觉。

同时，这种色彩搭配也符合 Alan 对于穿搭的简单喜好，以及他注重舒适度的需求。

材质与质感：在材质方面，为了满足宠物舒适度的需求，车内将多运用人造皮革、木质、玻璃、硬质塑料等材料。这些材料不仅能够提供舒适的手感和视觉效果，而且能够反映出自然的质感。例如，座椅和门板上可以使用人造皮革，以提供柔软舒适的触感；在仪表板和中央控制台上使用木质和玻璃，以增加质感和现代感；在地板上使用硬质塑料，以方便清洁和打理。

表面纹理：以材质的原本肌理为主，如木质的纹理、人造皮革的纹理等。这些纹理可以使内饰更加自然和真实，同时也能够增强触感和视觉效果。

氛围灯效：氛围灯效的设计也是本次设计的重要一环。将使用条状、暖色调的灯光来营造出自然、简朴、清新的感觉。这种灯光效果不仅能够提升产品的整体视觉效果，而且能够为用户带来更加舒适的体验。同时，将在设计中考虑使用节能减排的 LED 灯具，以进一步强调环保主题。

设计主题"自然简朴，环保之家"充分反映了 Alan 及其生活态度和价值观，将舒适、自然、环保和家庭价值融入设计中，为他打造一个真正符合其生活方式的行驶环境（图 4-6）。

（3）设计主题三。
用户画像（图 4-7）：Simon Smith，38 岁，担任生态环保科技公司 CEO。他热衷于环保科技，致力于推动环保事业的发展；除了职业兴趣，他也喜欢旅游和户外活动，尤其是那些能够融入自然、体验生态的活动。在家庭状况方面，他是单身，没有宠物，生活节奏快而充实，有很多朋友和同事，时常会参与一些社交活动。由于工作繁忙，他经常使用网约车服务，可以方便快捷地到达目的地，也省去了保养和维护汽车的麻烦。

Simon Smith 希望汽车内饰与他的身份和职

图 4-6　主题二情绪板

图 4-7 主题三用户画像

业相符,他注重车辆的舒适性和科技配置,希望能够体现出现代感和生态环保的特点。他也注重细节设计,希望每一个细节都能够符合他的审美和功能需求。总结起来,他是一位注重生态环保、科技配置和舒适度的专业人士。

色彩方案:主色为克莱因蓝和白色,这两种颜色搭配在一起能够传达出清新、纯粹和高端的感觉。克莱因蓝的深邃和白色的纯净相互映衬,可营造出独特的视觉效果。同时,为了使内饰不过于单调,可以加入一些灰色和黑色作为辅助色,这些颜色既能中和克莱因蓝和白色的冲击感,又能增加内饰的层次感和深度。

材质与质感:在材质方面,主要运用高级皮革、木材和玻璃等。克莱因蓝和白色的皮革可以提供柔软、舒适的触感,同时也能彰显出内饰的高端和豪华感。木材则能带来自然、温馨的质感,与皮革的冷冽形成对比。玻璃则选用高质量、高透光的玻璃,以保证驾驶的安全性和清晰度。

表面纹理:表面纹理以材质的原本肌理为主,这能增强内饰的真实感和触感。例如,皮革的纹理应该是细腻且有质感的,木材的纹理应该是清晰且自然的,玻璃的表面应该是光滑且透亮的。同时,为了使内饰更加有层次感,可以在一些细节处加入金属或烤漆等不同材质的装饰,以增加视觉上的丰富性。

氛围灯效:氛围灯效的设计应该是简洁、温馨且不刺眼的。主光源应该设置在仪表板和中控台的位置,以提供足够且均匀的光线。在此基础上,可以加入一些辅助光源,如车门的氛围灯带和座位下的 LED 灯等,以增加内饰的温馨感和科技感。光源的颜色应该以暖白为主,营造出舒适的驾乘环境;同时,光线可以调节亮度,以满足不同的驾驶需求(图 4-8)。

4.2.5 产品开发阶段

CMF 开发要通过使用不同的材料、技术,将设计概念的构想和执行匹配起来。该阶段的核心目标是对设计方案的可行性进行测试、

图 4-8 主题三情绪板

优化、确认并最终纳入大批量生产运行。

设计方案经过评审确认后，开始进行设计样板制作。其目的是核实设计方案与实际的打样效果的一致性，以及确认材质与工艺匹配程度，能否呈现预期效果。这些样板的制作一般交给对应的供应商来完成，供应商承包材料提供、工艺实现、问题处理、优化方案提供等全流程的服务。在此过程中，色彩面料设计师要跟进进度，并对制作的效果进行严格的把控。

1. 模型打样

在造型冻结并确定与内饰方案、内饰 CMF 设计方案匹配后，一般会制作一台量产汽车比例的硬质模型，该模型会呈现出接近量产车的部件质感、色彩、表面处理效果。在此过程中，会涉及每个部件色彩、材料、纹理、工艺的最终确认。同时，由于比例的更改，可能会暴露出更多的问题，这也是一个对设计方案进一步推敲和修改的过程。在正式量产前，要先将每一步的品质控制到最好、最严格、最精确，然后放入量产阶段。

2. CMF 设计样板定义

对于色彩样板，色彩编号一般根据 PANTONE 色卡编号，色彩名称可能会根据灵感来源或设计主题来制定。材料板通常由供应商提供，企业会进行多数备份以备后面的校样比对，企业内部也会对材料板进行统一编号存放。纹理效果也会存档入库。

3. 产品量产

CMF 设计师会继续根据项目，与供应商保持联系与沟通，直到量化生产阶段全部结束。国内汽车内饰材料最大的供应商是旷达科技集团股份有限公司，也是全球领先的交通工具内饰材料专业制造服务企业。该企业具备雄厚的各类交通工具内饰材料、内饰件研发、制造全套技术力量及先进的测试手段，可为汽车内饰提供系统化的整体技术解决方案，涉及涤纶环保有色纤维材料、织物面料、生态合成革、超纤仿麂皮、座椅面套、座舱舒适系统等产品。这些产品主要应用于汽车的座椅、门板、顶棚、头枕、遮阳板、仪表台、中央扶手等部位，在高铁/动车、航空领域也有广泛应用。

4.3 汽车色彩与面料设计的趋势分析与应用

汽车从简单的出行代步工具逐渐转变为移动的第二空间,用户对汽车内饰空间的使用目的和需求也相应地发生了变化。它不再仅仅是一个简单的乘坐场所,而是演变为一个集学习、办公、休闲、娱乐、社交等多种功能于一体的空间。为满足用户对出行的极致体验与追求,设计师以用户为中心进行色彩面料设计,充分考虑用户的情感需求,同时注重环保材料的使用,致力于为用户创造愉悦的生活方式。这种设计思路使得汽车CMF设计更加智能化和个性化。汽车CMF设计发展趋势的变化离不开科技的进步,它需要通过将科技与人的感性需求结合,关注舒适性和隔音性能等需求,致力于打造更加高品质的汽车内饰空间。例如,智能化的汽车内饰可以为用户提供更加便捷和高效的使用体验,同时也可以提高驾驶安全性。个性化和环保的设计则可以满足用户对汽车内饰独特性和可持续性的追求。

近年来,全球范围内出现了许多特殊情况,这些情况带来了很多不确定性,对各行各业都产生了影响。为了应对这些不确定性,预测未来趋势便成为一种必要的态度。汽车CMF设计正在不断地发展和创新,设计师需要不断关注用户需求和市场变化,感知汽车市场的发展趋势,积极探索新的设计理念和技术应用,以创造出更加符合用户需求和市场趋势的汽车产品。

4.3.1 生命有机复古美学

经典的品牌和车型在市场上一直有着较高的知名度和价值,这些品牌的复古车往往代表着一种文化、一种情怀。近年来,各大汽车厂商尝试通过追寻历史对自己的品牌进行传承,并融入现代设计语言和理念进行发展。

下面以梅赛德斯-奔驰的概念车为例进行说明。梅赛德斯-奔驰一直是豪华品牌汽车的代表之一,在科技快速发展的今天,它在品牌百年基因的传承中探索自己的发展方向,在众多复古车型的设计中极具代表性。

1. 梅赛德斯-奔驰 VISION AVTR 概念车

梅赛德斯-奔驰 VISION AVTR 概念车的灵感来自科幻电影《阿凡达》。这款开创性概念车探索了人、车和自然之间的交互未来,以及梅赛德斯-奔驰对可持续豪华未来的美好愿景,其突出的有机感正是生命复古美学的重要来源之一(图4-9、图4-10)。

图4-9 梅赛德斯-奔驰 VISION AVTR 概念车前脸展示

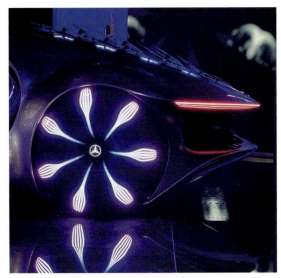

图 4-10 梅赛德斯-奔驰 VISION AVTR 概念车侧后方展示

图 4-11 梅赛德斯-奔驰 VISION AVTR 概念车整体展示

梅赛德斯-奔驰首次在 VISION AVTR 的设计过程中使用了全新的设计方法,从外饰、内饰和 UX 设计起,在开始的第一个草图就同步进行整体概念展示。它以人类的感知指导从内到外的设计过程,将驾乘者的体验作为设计的起点,有意识地关注驾乘者感知的变化和需求,创造一种延长驾乘者感知的汽车;同时,以创造身临其境的体验空间为目的,驾乘者之间以独特的方式相互联系,同时与车辆和周围区域交互感知。这款车奇幻的色彩灵感来自海洋色彩世界,它用奇幻的色彩、纯净感的面料和源于自然的造型语言融合出富有生命感的交流变化(图 4-11)。

梅赛德斯-奔驰 VISION AVTR 概念车的显著特征是源自自然的仿生设计语言,这种感性的创新设计结合 EQ 电动科技品牌经典的无缝设计,设计出的银色修长动感的"弯弓式"车身极具科幻感,与醒目而充满力量感的球形造型座舱浑然相融,而且透明的车门让车身更为明亮,也更形似仿生物。当车门开启时,其造型如同电影《阿凡达》中斑溪兽飞翔时张开的翅膀。其明亮的蓝色轮毂设计灵感则来自电影《阿凡达》中的生命之树,寓意为自然的智慧。

大自然也是梅赛德斯-奔驰 VISION AVTR 概念车内饰灵感的主要来源:整体结构的设计呈现出自然有机的形状,内饰花朵的形状和轻柔织物的元素,与动感的轮廓形成鲜明对比。形态自然的前排座椅让人联想起电影《阿凡达》中展示的家园树上的叶子吊床,中控台则象征着灵魂之树——影片中纳美人最神圣的地方,纯净的白色面料与贯穿整个内饰的蓝色线性装饰融合对比,呈现出流动变化的效果,突出生命主题(图 4-12)。

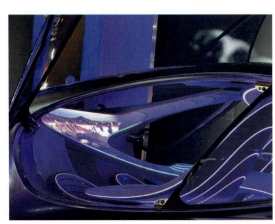

图 4-12 梅赛德斯-奔驰 VISION AVTR 概念车中控展示

梅赛德斯-奔驰VISION AVTR概念车座椅的后壳和车顶等大面积区域都装饰着受海洋色彩世界启发的变色织物,根据光线的不同,纺织品的颜色从深蓝色变为微妙的浅蓝色。这款车的座椅由DINAMICA®皮革精制而成(图4-13)。DINAMICA®皮革是一种超细纤维,其中包含的再生聚酯来自聚酯纤维(如T恤衫、纤维等)和PET塑料(瓶类、其他包装材料等)。与传统的石油基聚酯的生产工艺相比,回收聚酯能减少80%的能源消耗和二氧化碳排放量。DINAMICA®采用创新的水基制造工艺生产,不使用有害的化学溶剂,进一步保证了其自然环保的特性。这款车的地板辅以创新的Karuun®木材,原材料取自于藤,藤这种天然材料生长迅速,一般以手工采摘。这些创新材质使得这款车车内充满温馨,散发着自然的气息。

图4-14　梅赛德斯-奔驰C111实验车型

款车是对20世纪70年代梅赛德斯-奔驰品牌标志的渐进式诠释,尤其是其独特的鸥翼门、古铜色调的深橙色车漆,致敬了C111标志性的车漆颜色,但更具科技豪华质感。这款车前脸两侧低矮的圆角矩形采用充满科技感的3D像素风格显示屏,以数字化形式诠释C111特有的圆形灯,还可以向其他车辆传达信息。这款车鸥翼门上覆盖有像素风图案,形成既通透又极富装饰性的车窗效果,在模糊边界的同时极具神秘科技感(图4-15)。

图4-13　梅赛德斯-奔驰VISION AVTR概念车座椅展示

2. 梅赛德斯-奔驰Vision One-Eleven概念车

梅赛德斯-奔驰Vision One-Eleven的灵感来自20世纪六七十年代传奇的C111实验车型(图4-14),用于测试革命性的汪克尔涡轮增压柴油发动机,也是测试基于聚合物的车身外壳的原型,极具动感的中置发动机跑车被认为是那个时代的设计标志。这

图4-15　梅赛德斯-奔驰Vision One-Eleven概念车前脸展示

贯穿车身前后的亚光黑色裙板也采用了冲突美学风格的设计，左右两侧的刀锋式空气动力学组件，搭配蓝色背光效果的灯带，营造出贴地飞行之姿。在车尾形状独特的扩散器上方，同样采用了带红色圆灯造型的像素风格显示屏，与车头首尾呼应，让经典的设计与未来的设计遥相呼应（图4-16）。

在内饰颜色方面，橙色和银色形成具有超高对比度和强刺激性的色彩搭配（图4-18），银色绗缝座椅呈现金属光泽，营造复古宇航服的质感，集奢华、复古、未来元素于一体，在巧妙致敬的同时强调高性能属性（图4-19）。车内使用100%可再生聚酯制成的仪表板和由咖啡豆壳鞣制工艺制成的皮革，以可持续理念将科技与豪华完美融合。

图4-16　Vision One-Eleven概念车尾部展示

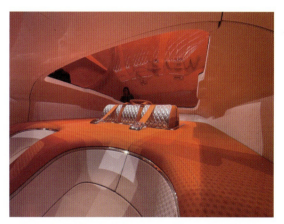

图4-18　梅赛德斯-奔驰Vision One-Eleven概念车内饰空间

梅赛德斯-奔驰Vision One-Eleven概念车首次以创新的"贵宾休息室"座舱设计，将超跑驾控与豪华出行完美结合，实现两种状态之间的无缝切换（图4-17）。在赛道模式下，其酷似F1赛车的靠背直立的桶形座椅，如同赛车般嵌于地板，使内饰犹如一架极简的性能机器。

图4-17　梅赛德斯-奔驰Vision One-Eleven概念车前排空间

图4-19　梅赛德斯-奔驰Vision One-Eleven概念车前排展示

4.3.2 智能数字科技感与自然感知复古美学

汽车的发展经历了机械时代和电气时代,现已进入智能时代。在机械时代和电气时代,汽车主要作为驾驶工具,内部空间区域划分为固定的驾驶员位和固定的乘客位。近年来,自动驾驶、AI、5G等技术的兴起,使得汽车领域逐步引入辅助自动驾驶和智能助手等功能,让驾驶更加轻松快捷。同时,人们对座舱的需求也随着科技的发展而日益变化。当前,智能座舱研究仍处于初级阶段,主要集中在软件方向的发展,如智能助手、信息娱乐系统等,而硬件方面的创新相对较少。

智能座舱的发展需要摒弃传统座舱结构,结合自动驾驶技术,赋予座舱全新的概念。为了实现这一目标,需要关注座舱的硬件创新,包括座椅设计、内部布局、材料选择等方面的改进,通过设计的手段,将科技感的设计语言与智能技术应用于座舱中,利用AI、物联网、大数据等先进技术,实现座舱的智能化和自动化,让驾乘者享受到更舒适、更温暖、更有风格的乘车体验。

下面以宝马i Vision Dee概念车为例进行介绍。

宝马i Vision Dee概念车通过硬件和软件融合,充分发挥数字化的潜力,将汽车转变为智能伴侣:虚拟体验与真正的驾驶乐趣融合,集数字化、情感化、体验感于一身,真正与用户心意相通,是宝马对未来数字出行愿景的灵感呈现与大胆表达(图4-20)。

这款车可以通过"面部"表情与用户进行交互,通过传感器进行人物及其位置识别,变

图4-20 宝马i Vision Dee概念车侧视图

换前脸图形时,仿佛在跟人打招呼,科技感十足。大灯和封闭的宝马双肾格栅形成一个统一的表面,呈现出一种由光线、图形和声音组成的多媒体欢迎场景——包括9种不同的面部表情,可以表达很多情绪。

这款车外饰造型设计致敬宝马2002 Tuerbo,外观棱角分明,曲面与切割感并存,包括前后车灯的设计都很有科技感与线条感;前脸依然是熟悉且经典的双肾形式,但是采用封闭式设计,中网部分使用了显示屏组成,可以变换"表情";尾灯与头灯相呼应,同时下方的"Dee"字样格外醒目。

最值得一提的是,这款车整车使用可变色车身设计,采用了电子墨水技术并将其升级为全彩,即将电子墨水(电子纸薄膜)分布在车身,通过施加不同的电脉冲,使这些电子墨水呈现出不同的颜色。从原来的黑、白、灰到如今的32种颜色变换,这款车将电致变色在汽车上的应用做到了极致,非常具有个性化和趣味性(图4-21)。

电子墨水技术:电子墨水技术是电泳式电子墨水技术的统称,即将电子墨水涂布在一层塑料薄膜上,再贴覆上薄膜晶体管电路,经

图 4-21　宝马 i Vision Dee 概念车应用了电子墨水技术

由驱动集成电路控制，形成像素图形，进而生成电子纸显示屏。电子墨水技术使用的原料相似于印刷产业，但融合了化学、物理学、电子电路等领域的知识和技术。与其他显示屏技术最大的不同在于，电子纸是反射式、双稳态的显示技术，视觉上看起来与传统纸张几乎没有差别，所以具有护眼、节能的效果。电子墨水中含有数百万个透明微胶囊，厚度却非常小，里面含有带正、负电的颜料，如白色是负电、黑色是正电。把这种涂料涂到汽车上，就可以通过控制微胶囊两侧的电极，实现车身颜色的变化，属于电致变色的一种。电子墨水技术不仅能够应用于大面积的车身，而且可以进行局部变色，甚至连轮毂也可以快速变色。

这款车对空间运用到极致，整车释放了大量的空间，取消了中央扶手箱，换成类似托板的设计，座椅则是采用了分体式设计。但是，这样的设计极为考验座椅供应商，毕竟座椅与换挡集成需要线束的兼容。驾驶员座椅和前排乘客座椅之间的脚部空间是贯通的，后排座椅延伸到车门中，视觉上加强了汽车与人之间的情感联系。内饰采用了简洁的设计，强调数字化和舒适感。整车采用了大量的环保织物材质作为座舱内饰，清晰的设计、宁静的色彩、温暖细腻的织物表面营造出令人愉悦的氛围。

这款车的内饰取消了所有物理按键，采用全新材料及隐藏式科技打造，以虚拟投影的方式进行交互控制。转向盘两侧的多功能触控板采用了水晶质感材质。前方是一块硕大的投影屏幕，将投影的范围扩大化，可以覆盖整个屏幕宽度，使信息呈现得更彻底。另外，这款车增加了隐藏式传感器，在柔性隐形技术加持下，屏幕可轻松与内饰设计相融合，通过语音或触摸指令唤醒。手边的一串线段是操控的指令集成，可以带来纯粹的数字化交互体验。驾驶者可在混合现实交互界面的 5 个层级中随心选择，可滑动操控，与 5 个虚拟投射的控制按钮相匹配，包括真实环境、驾驶信息、社交沟通、增强现实投影、虚拟世界。

4.3.3　汽车色彩面料设计的中式美学应用

1. 红旗 Sedan EV

红旗 Sedan EV 的设计美学从现代潮流、绿色科技的角度诠释"尚·致·意"的设计理念，代表着"中国式新高尚精致主义"的时代精神（图 4-22）。

【红旗 Sedan EV】

图 4-22　红旗 Sedan EV 侧视图

车头"旗贯山河、紫气东来"的旗标，由代表着生命激奋的红色和自然源起的蓝色结合成为"尊贵、勇敢、未来"的紫色，平地而起，光芒四射。车标采用中轴线设计，体现了中国传统的对称之美。整个车身的曲面设计也别具一格，"旗风招展、E 随形动"的腰线俯冲向前，曲面设计犹如旌旗迎风招展，彰显速度与力量，整体看上去仿佛山水画般灵动幽美，又像旌旗迎风招展，兼具东方韵味和速度之美。"澎湃活力、生生不息"的格栅巧妙运用参数化、点阵式设计，演绎出条条江河奔涌入海的气势。在"国之红旗、经纬浩然"的尾部，经典的汉字"红旗"运用焕新材质与色彩，突显中国书法的独特至美艺术。层峦叠嶂、首尾呼应的尾灯设计，呈现出"经纬连阡陌，横纵耀山河"的风姿。

2. 吉利银河之光

"涟漪"作为吉利独有的品牌超级符号，灵感来自吉利独有的文化母体——杭州西湖。吉利银河之光前脸的光之涟漪，将吉利独有的品牌超级符号"涟漪"独有的韵律美，用光电的手法重新诠释，如"回"字形涟漪前脸、"飞檐虎视"前大灯、"飞翼重檐"尾灯、"伏虎生威"整车姿态、"银河座舱·西子水岸"（图4-23）。

上银河环绕，地上西湖荡漾"，人文和科技在舱内融合交错（图4-24）。在吉利银河之光身上，随处可见这种内敛简约、情绪集成的设计手法，是在中华优秀传统文化母体里自然生长出的科技体验。

【吉利银河之光】

图 4-24 吉利银河之光前排内饰空间

3. 岚图 iFree

"野绿连空，天青垂水，素色溶漾都净。"（语出宋代张先《剪牡丹·舟中闻双琵琶》）。宋代开创了中国美学的巅峰。岚图汽车从宋代瓷器、诗画、建筑、生活找到灵感，开发出属于岚图的雅致颜色——青色，更衍生出黛青、碧青等富有东方美学意境的颜色，构建了以青色为主体的全新色彩体系，为用户带来更优雅温润的感受（图4-25）。

【岚图 iFree】

图 4-23 吉利银河之光侧视图

吉利银河之光座舱中复刻整个西湖，如三潭印月、书山叠嶂、银河画卷等，所谓"天

图 4-25 岚图 iFree 侧视图

4.3.4 科技家居感

在智能时代,消费者对汽车的需求正在经历一次重大转变,传统的机械感已经不再是他们追求的重点,取而代之的是对智能设备的极简风格和贴心功能的青睐。他们渴望内饰设计更为人性化,空间规划更符合家居化需求,以提供与家中生活无缝衔接的舒适体验。因此,汽车厂商要重新思考并满足消费者对于智能座舱的全新需求,以满足消费者对于更加人性化和家居化的驾乘体验的追求。

下面以高合 HiPhi Z 为例进行说明。

高合 HiPhi Z 的外观设计独具匠心,不仅沿用了基础款的家族语言,而且有所创新。封闭式格栅与开关功能相结合,造型新颖而突出。雾灯下方装有扰流板,能够更好地减少风阻,提高行车效率。整体采用撞色设计,棱角分明,结构立体,展现出时尚而动感的车身线条。前车灯采用了全新的灯组设计,样式更加凌厉,增强了车辆的辨识度。侧身设计以白色为底色,融入黑色色块,进一步增强对比度,让车身线条更加鲜明。侧裙上方进行了蓝色涂装,突出了运动感。车门较高,车窗相应缩短,令整体看上去更加低趴,更有轿跑的味道。尾部依旧是标志性的长扰流板 + 中空设计,颇有机甲战舰的感觉,采用贯穿式车灯,下方有漆面装饰,造型元素十分丰富,让整个车尾看起来更加立体而富有层次感(图 4-26)。

在内饰方面,高合 HiPhi Z 将极简与科技做到了极致,转向盘采用了两辐式设计,未来感十足(图 4-27)。为了给用户带来更科幻前卫、叹为观止的内饰氛围,高合设计师进行了大胆创新,研发了一种融合现代与

图 4-26　高合 HiPhi Z 侧视图

图 4-27　高合 HiPhi Z 内饰展示

未来主义风范的新材料。这种材料结合了运动鞋上常见的 3D 针织面料的可编织性和可回收特性,以及 Nappa 优质皮革的细腻质地和变色金属涂层的独特效果。高合为 HiPhi Z 开发了一种变色金属涂层的 Nappa 优质皮革,这种织物具有类似于孔雀羽毛的视觉效果,会随着角度和光线的变化而改变颜色,营造出极为科幻的沉浸式体验。这种材料既豪华又环保,平衡了用户对品质和环保的需求。高合 HiPhi Z 通过研发新材料和创新设计,采用光矢阵列氛围灯,将双层双色注塑工艺与创新性高透度熏黑材料结合,打造出拥有迷人光纹效果的纵深立体感氛围,营造科幻实体的触感与视觉冲击,在内饰设计上展现出了前所未有的未来感和科幻气息,为用户带来前所未有的沉浸式体验(图 4-28)。

图 4-28　高合 HiPhi Z 前排座舱展示

图 4-29　五菱宏光 MINI EV 矩阵化色彩展示

图 4-30　五菱宏光 MINI EV 前脸 45°展示

图 4-31　五菱宏光 MINI EV 前脸展示

4.3.5　矩阵化色彩

色彩在使用的时候，是有语汇与语法特征的，在色立体中根据文化、人群、使用目的等可形成色彩语流。矩阵化色彩将色彩语流的说法赋予数字逻辑感，而且在色盘上一目了然。矩阵化色彩是矩阵式、系统的色彩应用，区别于单个或毫无规律、混乱的多种颜色应用。这种规律让一堆数字变成一个阵列，让多种色彩变成一组色彩；同时，这些色彩相得益彰。

下面以五菱宏光 MINI EV 为例进行说明。

五菱宏光 MINI EV 电动车实现了美学与空间实用性的完美结合。车身采用平直中略带"微曲"的型面，不仅呈现了出众的美感，而且车内拓展了更多乘坐空间，使产品拥有同级最优秀的空间利用率。这款车常规款有星空蓝、星云白、星韵粉、星辉金 4 种车身颜色，让这款"宏光小神车"变身移动的视觉焦点，彰显车主独特的审美品位。五菱宏光 MINI EV 马卡龙款共有两个系列：时尚系列，包括白桃粉、柠檬黄、牛油果绿、生椰白；缤纷系列，包括薰衣草紫、青柠黄（图 4-29～图 4-31）。

思考题

（1）汽车色彩与面料设计的主要程序有哪些？
（2）用户调研的方法有哪些？
（3）汽车色彩面料发展趋势研究的方法有哪些？
（4）人物角色创建有哪些步骤？
（5）汽车色彩与面料的趋势有哪些？

实践题

（1）针对某款汽车的色彩与面料设计进行人物角色创建，完成用户画像。
（2）选择某汽车品牌，分析该品牌不同车型的外饰、内饰的色彩设计及运用的优劣势，完成一份调研分析报告。

第 5 章
汽车色彩与面料案例设计与分析

学习目标
(1)通过对汽车色彩与面料设计典型案例设计与分析的学习,掌握不同车型、不同品牌与设计理念的色彩与面料设计典型案例的应用特征。
(2)全面提高汽车色彩与面料设计的综合应用与创新能力,为今后进行相关领域的色彩与面料设计奠定理论与实践基础。

本章要点
(1)分析用户需求和车型定位。
(2)设计创作汽车色彩与面料搭配方案。

5.1 纳瓦拉轻奢露营皮卡

当代的"90后""95后"是极具代表性的年轻群体，在工作和生活中有着非常积极的态度，很多年轻一族开始体验短期露营的生活方式。他们当中，有追求压力释放的都市精英，也有花式尝鲜的旅游社交爱好者，他们热衷彰显个人审美情趣的露营方式，偏爱高颜值露营装备，追求氛围感和品质感（图5-1、图5-2）。露营行业正被时尚化、社交化、年轻化。

图5-1　露营方式

图5-2　露营的全方位体验

设计思路：纳瓦拉（NAVARA）轻奢露营皮卡（图5-3）针对"精致风格露营"方向，打造风格一致的专属后拖挂，拥有储物、简单烹饪、观光等功能配置，可以提升露营整体氛围和质感，实现露营装备与皮卡的完美转接。这款车从设计角度出发，在日产皮卡现有设计语言的基础上展开创新探索，更改车身外部轮廓，结合微度假的用户需求，致力于打造精致视觉体验和场景体验兼备的轻奢露营皮卡（图5-4）。

和这款车一同推出的还有同款配色的小拖挂车。除了造型风格与之相呼应，小拖挂车还拥有储物、简单烹饪、观光等功能配置，可

图5-3　NAVARA轻奢露营皮卡展示

图5-4　NAVARA轻奢露营皮卡侧视图

以提升露营整体氛围和质感，实现露营装备与皮卡的完美转接。小拖挂车的门可不对称打开，左侧定义为心灵之门，打开后就可以看到一些露营装备。小桌板放下是一个操作的平台，就像一个画框，通过它可以看到户外远处的雪山、小溪、草地，具有非常强烈的画面感。右侧是储物空间，打开后可以看到满满的露营设备，满眼都是当代年轻人自由的生活方式（图5-5）。

外饰色调：这款车整体的氛围意向围绕复古轻奢、科技、细腻、恬静展开，外观以户外美学为主，色调大面积采用柔和的奶咖色搭配上金属色。奶咖色更加地贴近自然的山石树木的颜色，作为露营车的主色调能跟自然颜色更好地融合（图5-6、图5-7）。

这款车的前格栅、进气孔等都保留了原来的黑色调，一深一浅的颜色搭配带给人更强烈的视觉感受。外饰细节处也选用一些深色的跳色处理，如汽车的翼子板采用偏深色的咖色，既能与整车色调区分，又不会让人觉得突兀，让整个车的颜色更加丰富，也更显精致的复古轻奢的氛围。

这款车车身中后部分加入了一些贴花图案的设计。贴画图案灵感来源于蔓延的山峰，山峰与银色亮条的交错预示着高品质城市生活方式与自然的碰撞。采用简单的参数化图案，配合颜色的深浅变化呈现出层层远山的感觉，在更贴近自然的同时，让车身也更加丰富出彩（图5-8）。

图5-5　NAVARA 轻奢露营皮卡小拖挂车

图5-8　NAVARA 轻奢露营皮卡侧视参数化图案

图5-6　NAVARA 轻奢露营皮卡设计情绪板

图5-7　NAVARA 轻奢露营皮卡设计 CMF 灵感板

这款车采用对开门的外形设计，与打开的拖挂合围出一片区域，搭配着天幕、地毯、和露营的桌椅，显得更加有气场、有氛围。这形成一个更开放的露营生活场景，白天可以在车外草坪露营奔跑，夜幕降临后可以坐在天幕下，喝下午茶、看日落、享受和自然的亲密接触。配套的天幕和露营椅的色调也都以浅咖色和暖白色为主，色调既显得柔和，又能和纳瓦拉整体的色调相搭配，不会显得突兀。

外饰细节：充分利用了车上的每一处空间来进行功能拓展。通过细节的设计，尽可能解

图 5-9　NAVARA 轻奢露营皮卡功能拓展

决户外露营会遇到的问题，让露营玩家在户外也能享受到像家一样的舒适，体验到户外生活不一样的风味（图 5-9）。

材料选择：尽量以帆布和木材为主要选材，辅助皮质材料和古铜色金属突出复古的品质感。帆布材料以棉麻为原材料，属于天然纤维，是无公害材料。除此之外，帆布还能防水遮阳，一些特质的帆布还有防火防辐射的功能。结实耐磨耐用也是帆布的一大特点，因此很多户外箱包等用品都是帆布做的。木材经过化学刷漆加固处理后，作为露营桌椅上的组成部分，能够满足基本的承重需求。木材取之于自然，用其作为露营用品的选材，无论是色彩还是材质的触感，都能让人贴近自然，享受自然的感受。

圆形射灯：圆形射灯是用实木铣削出来的，深咖的色调搭配上木材本身的纹理，再结合皮带装饰件，彰显出精致格调，也让人更加真切地与自然接触（图 5-10）。

多功能示宽灯：4 个轮包上都安装了示宽灯，灯体用棕色皮质材料固定。正常户外行驶时，这些示宽灯有助于夜晚行车安全。在露营时，将车辆固定停在某一位置，示宽灯还可以从

图 5-10　NAVARA 轻奢露营皮卡圆形射灯

图 5-11　NAVARA 轻奢露营皮卡多功能示宽灯

皮带扣中取下，作为户外照明灯或氛围灯使用（图 5-11）。

木制侧踏板：每个小踏板都是一个小单元，木质材料在颜色和质感上更加突出自然与户外的设计主题，与车身颜色设计做了很好的融合。在户外露营时，踏板可以拿下来拓展

使用形成一个小桌板，既满足了露营功能上的需求，又增加了车辆的可玩性（图5-12）。

图5-12 NAVARA 轻奢露营皮卡木制侧踏板

车顶吊帐：车顶吊帐设计定制的是一个水滴形的吊帐，与普通营造氛围的地帐或直接带有床铺的房车不同的是，它是介于地帐和房车之间的专属于皮卡露营的一种解决方案。当夜幕降临、篝火升起时，躺在吊帐内能让人瞬间体会到与大自然的亲密接触，一夜安眠之后，在清晨伴着虫鸣鸟叫声起床，才是荒野露营独有的味道（图5-13）。

图5-13 NAVARA 轻奢露营皮卡吊帐

后备箱：后备箱地板使用浅色调的白蜡木，和车身色调有一定的区分，但都属于暖色调，在视觉上不至于太过突兀，却更显格调。白蜡木易于切削和工具加工，硬度偏高，芯材稳定性好，比较适合做车厢地板材料，木地板的设计比金属材料更贴近自然。而且，在

后备箱搭配了一对复古皮箱，箱子里可以收纳地毯和野餐布，每一个箱子的开合都使用皮带固定，复古感很强。

除了自然、复古的元素，这款车也融入了一些科技、现代的设计。在后备箱部分安装了一个银色的隐藏式烧烤架（图5-14），还安放了一个嵌入式冰箱酒柜（图5-15）和电磁炉面板（图5-16），基本上能满足户外露营的用餐需求。

图5-14 NAVARA 轻奢露营皮卡隐藏式烧烤架

图5-15 NAVARA 轻奢露营皮卡嵌入式冰箱酒柜

图5-16 NAVARA 轻奢露营皮卡电磁炉面板

内饰色调：与外饰色调不同，这款车的内饰整体色调以深色为主。前排座椅采用传统座椅的造型设计，满足驾驶的舒适度及安全需求。座椅的材质以皮质为主。皮质材料虽然会提高整车的生产成本，但皮质座椅更加舒适，透气性强，且具有一定的防水性，相比织物材料更容易清洗打理，用在露营皮卡车上也比较结实耐磨。

前排内饰部分使用碳纤材料作为装饰，一方面可以增加内饰的格调和品位，在视觉上带给驾乘者不一样的体验；另一方面，碳纤材质会给人一种坚韧不易破损的感觉，可以提高整车带给人的坚固感（图5-17）。

图5-17　NAVARA轻奢露营皮卡前排内饰

内饰的整体色调以冷色调为主，枪灰色占据内饰大部分面积，整体视觉效果沉稳不张扬，加以适当的白色和奶咖色点缀，可以增亮内饰色调，缓冲掉一部分深色带给人的严肃感。皮质材料的色调选择偏暖的深咖色，选用皮质材料本身就和传统安全带的织物材料有所不同，在以冷色调为主的内饰中用暖咖色点缀可以让整个视觉效果更丰富，也让整辆车露营的专属性更强（图5-18）。

图5-18　NAVARA轻奢露营皮卡后排内饰

后排座椅：后排座椅的设计与前排完全不同，为了满足户外露营的属性，设计了奶咖色环保头枕，坐垫颜色选用深灰色。这种深浅搭配让内饰色彩更加丰富，不至于太过沉闷。整个后排座椅是可拆卸的，而传统皮卡车座椅空间安排固定死板，驾驶过程和露营过程是分开的。这款车采用了和传统皮卡完全不同的座椅设计——露营座椅和驾驶座椅相结合。后排坐垫可随时拿下来变为一张双人户外椅，形成车体功能与营地装备的完美转换。深棕色座椅呼应外饰色彩与面料设计，增强了全车复古轻奢的氛围感。扶手处安装可拆卸的银色音响，金属元素的融入呼应深灰色牛津布双人座椅，方便露营时随时拆卸作为户外音响使用。

后排座椅在材质选择上剔除传统汽车座椅的部分材料，更换为露营专用材料，实现传统皮卡和户外露营需求的结合。座椅部分主要由硬质的合成塑料和软质的牛津布坐垫组成（图5-19）。牛津布是户外用品经常使用的一种面料，经过物理和化学处理后可以满足户外用品的基本要求；但牛津布也存在一些缺陷，如硬度较高、手感不如其他布料舒适、遇水会缩水等。不过，选用牛津布材料既满足了座椅拆卸下来作为露营椅使用的需求，又能起到和皮质座椅相同的透气、耐磨的作用，同时在一定程度上降低了内饰的生产成本。

本方案通过对日产现有皮卡车型设计语言的分析，对皮卡车型设计语言发展趋势的探索；并结合用户群体的露营使用场景，对NAVARA轻奢露营皮卡的发展趋势进行再设计，深入

图5-19　NAVARA轻奢露营皮卡后排座椅材质

挖掘色彩面料在轻奢露营场景的应用，来打造复古轻奢、科技、细腻、恬静的氛围，以营造精致的视觉体验和场景体验。

【"嵩"的外观展示】　【"嵩"的运动展示】

5.2　"嵩"——"零世代"个性化定制极氪001

"嵩"是以极氪001为原车型，针对"零世代"用户群体设计的一款轿跑，在造型和内外饰色彩材质上都有创新设计。

设计思路：极氪001作为极氪首款高端智能电动车型——豪华猎装轿跑，打破轿车与SUV的传统思维，设计兼顾优雅与实用。"嵩"的目标用户是"零世代"。极氪不以年龄定义用户群体，"零世代"意味着"嵩"的用户形象鲜明，科技潮人、特立独行、勇于挑战、乐享生活等是他们的闪光标签（图5-20）。该设计结合了极氪平等、多元、可持续的品牌价值观，遵循与用户双向沟通，以平等姿态欣赏，不带偏见，从沟通中相互启迪与收获，并且尊重每个独立个体、尊重差异，坚持多元探索、创新的精神，以开放的态度创造新物种。

图 5-20 用户画像（资料来源：本节图片均来自 iii Design Group，后文不再标明）

"嵩"在设计之初，CMF 设计团队就深入了解年轻人的兴趣爱好，并从中提取年轻人喜欢的元素加以总结，围绕关键词展开思维发散，制订多种不同的设计方案。他们分析色彩的情感表达时，探索不同设计方向。蓝色象征着科技、未来，寻找元宇宙的元素，而橙红色充满了力量、激情，设计团队尝试从这两套颜色中提取适合"零世代"年轻人的配色（图 5-21、图 5-22）。

1. 方案一

方案一围绕"运动"和"电动"两个关键词展开。提起"运动"这个词，总能让人联想到青春、活力；"电动"又往往和新能源、科

图 5-21 情绪板一

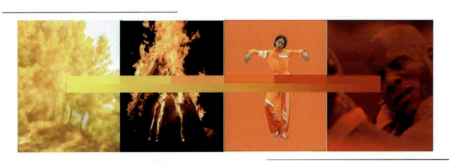

图 5-22 情绪板二

图 5-23　电动性能主题

技、智能相联系。因此，方案一的内饰主色调选用了充满活力的橙色和代表智能科技的白色，并且从"零世代"年轻人所喜欢的运动产品中汲取灵感（图 5-23）。

内饰色调：橙色和白色的搭配运用到"嵩"的内饰设计上，让整车的内饰专属感会更强（图 5-24）。内饰的分色主要体现在上、下区分。橙色主要运用在内饰顶棚和仪表板部分的上半部分，下半部分以白色为主，这样的分色方式让人视觉上更均衡。亮橙色视觉集中在中上部分，轻快的明白色集中在整体内饰的下半部分，这种色彩安排不会显得整体色调太沉闷压抑。整体色调除了橙色和白色这些浅色调，还有小部分的黑色点缀，黑色主要集中在一些细节处，如水杯架和玻璃升降器部分的色彩设计，这样设计在视觉上深浅色调更均衡。

转向盘：转向盘的色调也以橙色、白色和黑色为主。"嵩"的方向盘做了偏方形的处理，并且做了色调和材质上的区分，黑色部分选用碳纤维的材质，提升产品的品质感，其他部分则是金属和塑料材质结合。在色彩上以白色调为主，以橙色调点缀。白色给人感觉明亮、干净、朴素、雅致，让人感觉轻盈不炙热。橙色调明亮、温暖、华丽、炙热，充满活力和激情。少量的橙色和大量的白色搭配，清新、活力，符合用户群体的审美需求（图 5-25）。

车门：车门也采用上下分色的方式，多种材质结合使用。在车门的织物纹路设计上，主要采用线性的纹样，如光影一般流动，向后延伸，让整车的内饰更有动感（图 5-26）。

图 5-24　"嵩"的内饰色调

图 5-25　"嵩"的转向盘

图 5-26 "嵩"的车门

座椅：在座椅设计上，"嵩"延续了经典座椅的造型，但为了和传统座椅有所区分，凸显新能源汽车座椅的智能和科技感，其座椅的色调以浅色的白色调为主，搭配部分的活力橙色。橙色部分主要设计在不同材料的接缝处，凸显精致感，并且随着座椅造型的延伸，视觉效果上流动感会更强。在座椅不同的部位区分使用不同的材质，将皮质材料和织物材料结合运用，在保证舒适乘坐体验的同时也体现出智能汽车内饰中多种材料的完美结合（图 5-27、图 5-28）。

图 5-27 "嵩"的座椅方案

图 5-28 "嵩"的后排座椅方案

方案一的整体内饰色彩搭配效果还是挺符合"零世代"年轻人的喜好追求的，两种色调的搭配有主次区分，既不凌乱，又不过分张扬；选用无彩色的白色调作为主色调，既轻松、明快，又低调内敛，橙色的搭配更像是起到画龙点睛的作用，让整车的专属性更偏向年轻人（图 5-29）。

图 5-29 "嵩"的整体内饰

方案一的外饰色彩和内饰色彩相呼应，以白色为主，整体的视觉效果更偏向智能化。前引擎盖做了分色的处理，提高了色彩的丰富度。在车身细节处用橙色装饰条进行颜色的区分，让整车的运动感更强。在车身下部进行多种颜色的区分，在加强专属性的同时，显得更加精致；而且，横向的橙色长线条让人的视觉延长，可以勾勒出整车的轮廓。

外饰前、后脸的设计也更符合年轻人的审美，前脸用橙色线条勾勒出三角形图案，和前脸扁平的风格相区别，营造出一种矛盾美学（图 5-30～图 5-32）。

图 5-30 "嵩"的外饰（侧）

出来的一丝绿光，整个内饰的神秘感更强（图 5-34）。

图 5-31 "嵩"的外饰（前侧）

图 5-32 "嵩"的外饰（后侧）

2. 方案二

方案二的设计定位更加概念化，偏向未来。它基于生化危机这一大的设计背景进行创作，力争打造一款应对末日的战车。基于设计背景和使用场景的设定，"嵩"在选择内饰色彩时考虑以绿色调和黑色调为主，这种偏荧光色的绿色给人以神秘感、危机感，黑色则更加严肃、沉静，而绿色和黑色的搭配直接把紧张感和危机感拉满（图 5-33）。

内饰色彩：在内饰造型设计相同的基础上，方案二的色彩搭配方式和方案一有所不同。方案二的色调几乎全部由黑色覆盖，只有部分细节处使用绿色，如同在漆黑的夜晚散发

图 5-33 生化危机主题

图 5-34 "嵩"的内饰色调

转向盘：转向盘的色彩和材质区分也经过精心的设计，在手握的部分使用吸汗透气的机织平布材质。这种材料质地紧密，表面平整，不易变形，耐磨性能好，并且吸汗透气，适合用在经常手握摩擦的转向盘上。其他部分使用碳纤维材质，更具有科技感，并且能提高韧性，减轻重量。在色彩的搭配上部分区域选用绿色，搭配内敛的灰色调，主色调还是黑色，和整辆车的内饰色调相搭配；在部分区域使用绿色，搭配内敛的灰色调（图 5-35）。

图 5-35 "嵩"的转向盘

门板和座椅：门板和座椅的颜色也都以黑色调为主，部分区域绿色调进行细节修饰（图 5-36、图 5-37）。在材质选择上，选用多种材料结合，座椅的软质织物材料选用机织平布材料和 PVC 结合。机织平布材料具有质地紧密，表面平整，不易变形，耐磨性能

图 5-36 "嵩"的门板

图 5-37 "嵩"的后排座椅

好的特点,主要应用于汽车座椅的边料、汽车内饰的门板、扶手、后备箱、遮阳板等处,用在和人体接触的部位,触感更柔软舒适,而且吸汗透气。

方案二的内饰色彩以深色为主,以黑色搭配绿色,视觉效果更深沉、神秘(图 5-38)。这象征了另一种年轻人的生活态度,而且在黑色调中融入绿色装饰,让整车笼罩上了一层神秘的色彩。

图 5-38 "嵩"的整体内饰

方案二的外饰色彩和内饰的主体色调完全不同,以白色调为主,让整车的科技感更强。相比内饰的神秘感,外饰的搭配效果更有活力,更符合极氪这一品牌对于用户群体的定位(图 5-39~图 5-41)。

图 5-39 "嵩"的外饰(前侧)

图 5-40 "嵩"的外饰(后侧)

图 5-41 "嵩"的外饰(正侧)

3. 方案三

方案三回归到自然和生态学,回归到"零世代"年轻人普遍关注和在意的一个领域。随着工业化、城市化的扩张,更多的人向往自然,生态、绿色、自然是人们普遍关注的话题。"嵩"深入分析未来的汽车色彩发展趋势，关注未来人与自然的关系，探索对未来地球生态的变化看法（图5-42）。

图5-42 方案三关注的主题

"嵩"的设计团队在自然中和建筑设计中寻找灵感，寻找人类与未来科技的平衡点，从冰川湖泊、山脉草木中提取颜色，寻求生命之源，从而进行设计（图5-43）。

图5-43 生命之源主题

内饰色调：整体色调更清雅、冷淡，主要以白色和香槟金色为主。部分深色做分色处理，宁静、淡雅，更有未来感。内饰的部分材料选用环保材料，在自然、生态这一大的主题下尽可能地满足未来年轻人对环保、绿色这一理念的追求。在内饰造型基本不变的基础上，设计师将内饰部分的细节用香槟金色进行色彩和材质的区分，并且大多数香槟金都是线性的设计，在视觉上动感更强，可以提高内饰的整体效果，凸显精致、更动感（图5-44）。

图5-44 "嵩"的内饰色调

转向盘和门板：内饰细节的设计以强调质感为主，转向盘和门板的材质选择自然的木头材质和其他材质结合。木材具有重量轻、强重比高、弹性好、耐冲击、纹理色调丰富美观、加工容易等特点，是一种天然材料。木材的生产成本低、耗能小、无毒害、无污染，经过一系列化学处理后运用到转向盘上质感会更强，能让人立马体会到自然、绿色的内饰主题（图5-45、图5-46）。

图5-45 "嵩"的转向盘

图5-46 "嵩"的门板

座椅：在座椅上运用香槟金色进行装饰，搭配白色，轻奢感会更强。座椅的材质选择天然皮料和织物结合，在满足内饰需求的同时尽可能地减少使用人造材料，以减少化学染料和化学试剂对环境的破坏（图5-47、图5-48）。

图5-47 "嵩"的座椅设计

图5-48 "嵩"的后排座椅

方案三的内饰整体效果更加温和，在表达生态、绿色、自然这个主题的时候没有选用绿色这种经典的颜色进行设计，而是回到自然，从中提取简洁、单纯的颜色进行创作。而且，在内饰色彩的搭配中也尽可能地减少对差别较大的色彩和材质的使用，在内饰细节处使用天然木材，让整体的效果回归地球生态最初的、原始的、不加任何修饰的模样（图5-49）。

图5-49 "嵩"的整体内饰

4. 方案四

方案四以未来科技为主题，基于人类科技的发展和对宇宙的探索，从浩瀚的星辰中提取色彩作为内饰色彩的灵感来源，将其运用到内饰设计中，营造出现实与虚幻之间的交错（图5-50）。

图5-50 方案四关注的主题

内饰色调：主要以充满梦幻感觉的浅蓝色和奢华的香槟色搭配。蓝色是天空的颜色，也是代表着科技和未来的颜色，灰蓝色的使用和设计主题词更相符，同时在视觉效果上也更柔和。金色也是太阳的颜色，金色的运用能提升产品的品质感。将这两种颜色相结合，在视觉效果上更科幻，而且大面积地使用参数化印花，可以增加内饰的流动感和未来感（图5-51）。

材质工艺：内饰大部分材料的选用都以体现奢华和未来感为主，座椅和转向盘的部分材质上都使用了具有未来感的印花。这种色彩搭配和材质处理工艺让整个内饰符合用户群体对未来、宇宙和科技的想象，也让整车内饰炫彩夺目（图5-52～图5-55）。

图5-51 梦幻星辰主题

图5-52 "嵩"的内饰色调

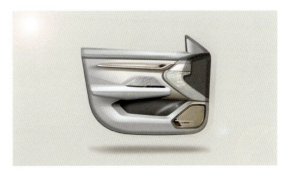

图5-53 "嵩"的门板

图5-54 "嵩"的座椅设计

图5-55 "嵩"的整体内饰

5.3 宇通雍和旗舰版房车

房车的兴起满足了一部分用户群体"带上房子去旅行"的心愿。房车兼具"房"和"车"的功能,集"衣、食、住、行"于一体,其出现真正地实现了"生活中旅行,旅行中生活"。

设计思路:宇通雍和旗舰版房车的用户群体以热爱旅游的群体为主。这类群体有足够的时间,有一定的经济能力和热爱生活、勇于冒险的精神。针对这类用户群体的使用需求和审美特点,宇通设计这款房车,从功能到造型都充分考虑了他们的需求。宇通雍和旗舰版房车外观色调以浅灰铜色为主,以亮橙色装饰点缀,外观色调比较亮眼,外饰色彩和内饰色调都偏向浅色调,因为浅色更加大气素雅,也符合热爱旅行人群的个性和审美需求(图5-56)。

图5-56 宇通雍和旗舰版房车展示

外部设计:在这款车的外部设计(图5-57)中,很多功能和材质的选择和设计都别具用心,如可延展的厨具便是其中一个亮点。这

图5-57 宇通雍和旗舰版房车外部设计

款车的厨具设计全都采用不锈钢金属材料,在保证材料硬度和强度的同时即使在户外风吹雨淋也不怕生锈。不锈钢金属相比塑料和织物材料更耐用,防火防潮性能更好,在一定程度上也保证了户外做饭的安全性。

内饰色调:这款车的设计主要针对高端人群,从内饰的材料使用就能感受到尊贵感,尤其是驾驶舱的色彩与面料的使用。驾驶舱的色调和内饰的整体色调相匹配,深色的木制材质和浅色的皮质相结合使用。木材经过干燥、打磨、热处理等一系列工艺之后在表面进行刷漆处理,能够保护木材,控制家具的含水量,防止木材变形,并且喷漆后的手感更薄更光滑,更易清洁保养。而且,光滑洁净的木材表面也能提高整车的品质感,更好地为高端用户服务。

驾驶舱的浅色部分使用暖白色皮质材料,并且进行压花处理,这一材料的使用和内饰座椅的皮质材料相呼应,贯穿感更强。在驾驶舱仪表板的最下部使用棕色翻毛皮材质进行包裹，翻毛皮透气性能好，手感柔软舒适，质感典雅大方。而且，此处大量使用翻毛皮材质，增加了内饰的舒适度，彰显出奢华气质。3种材质和3种颜色相搭配，做横向设计进行区分，色调上由深到浅再到深，深浅色相搭配，提升了品质感（图5-58）。

种不同的处理方式，呈现出不同的效果。门板上的材质以皮质为主，没有使用木材，整体感觉会更轻盈，柔软，但色调的搭配还是和驾驶舱仪表板部分基本一致，形成内饰色调的统一连贯性（图5-60）。

图5-58　宇通雍和旗舰版房车驾驶舱内饰色调

图5-60　宇通雍和旗舰版房车门板材质

舱内的设计整体色调还是以浅色为主，搭配木材和部分的深色调，因为在有限的空间中使用浅色调会削弱小空间的压抑感和沉闷感，在视觉上更加通透。内饰座椅主要以浅色为主，皮质材料增加品质感，并且使用不同的处理工艺和压花工艺，在增加视觉美感的同时，也体现了高端的用户定位（图5-59）。

餐桌座椅：在座椅的两侧有相应的中国画装饰，这是在深入调研用户群体的兴趣爱好后所进行的细节处设计。坐在这里用餐像是坐在自己家的餐桌旁，舒适的座椅、美丽的用餐环境、餐椅后边的墙上挂着的中国画，给人全方位的视觉享受（图5-61）。座椅内侧的空间也充分被利用起来，用深色的木材打造背景板和储物空间。深色没有浅色跳跃夺目，在浅色椅子后边设计深色储物柜，既不抢眼，又能凸显出浅色座椅，同时具有一定的隐藏储物的功能，让储物柜的设计不至于太突兀生硬。

图5-59　宇通雍和旗舰版房车舱内整体色调

门板材质：门板的材质选择和仪表板处基本相同，柔软透气的奶白色皮质材料加上深色调的翻毛皮材料，并且同一种皮质还采用多

图5-61　宇通雍和旗舰版房车餐桌座椅

内饰材质：内饰部分用到了大量的木质材料，从地板到床板再到储物柜和隔板，甚至转向盘和驾驶舱的仪表板，几乎所能看到的深色部分都是木质材料。木质较硬重，花纹美观，是制作家具、地板、室内木材等的优质材料。而且，木质表面着色性能优越，通过表面处理为颜色较深的木材，具有很好的装饰性能。

洗漱台：为了满足简单的洗漱需求，在车门位置设置了单独的洗漱台。洗漱台的材料选择和木地板色彩相搭配的深色岩板材料。岩板属于新型合成材料，采用长英石、玄武岩、无机黏土等材料经1200℃以上的高温烧制而成，具有耐侵蚀、耐刮、塑性强、耐热性强、抗氧性强等优点，可以制作各种丰富的造型。岩板也是一种新型的环保材料，其制作过程中充分地利用了冶金矿渣等废弃物资源，减少了环境污染，具有较好的环保性（图5-62）。

图5-63　宇通雍和旗舰版房车车顶天花板

休息空间：车舱后的单人休息区融入了很多传统的设计元素，躺在舒适软垫上用户能感受到自己周围被天然木材包围，质朴、自然又夹杂着高贵、优雅。在床后的墙壁上，设计师同样用一幅中国山水画做装饰，打破大量木材的使用带来的严肃、沉闷感，同时也满足了用户群体的审美需求，和"雍和"这一名字相呼应（图5-64）。

图5-62　宇通雍和旗舰版房车洗漱台

车顶天花板：车顶天花板上覆盖着绒布材料，绒布布身柔软松厚、光泽柔和，具有良好的保暖性、吸湿性、耐磨性及舒适性。在绒布上进行压花处理，视觉效果会更高贵奢华，但在一定程度上提高了整车生产成本。绒布毛茸茸的触感让人感到温暖，并且绒布暖白色的色调搭配着顶部的黄色调氛围灯，给人以家的舒适感（图5-63）。

图5-64　宇通雍和旗舰版房车休息空间

床铺周围都有配套的窗帘，在遮光的同时能提供一定的隐私空间。窗帘的材质使用柔软舒适的条绒材质，结实耐磨，其柔软舒适的触感能给人以家的温暖（图5-65）。

图 5-65　宇通雍和旗舰版房车窗帘

图 5-66　宇通雍和旗舰版房车床头灯具

床头灯具：床头灯具的设计更加现代化，采用金属与玻璃搭配的具有现代感的材料（图 5-66）。现代感材料加上现代设计风格的床头小灯给整个内饰设计增加了一些年轻气息和时尚感，也让整辆车的细节设计更精致，提升了整车的品质。

卫生间：卫生间的处理也细致周到，木材的使用比单纯塑料或钢板材质的使用在视觉上更高端。在卫生间设计中，木材隔板的作用一是方便排水，二是作为洗浴间和马桶功能区分的标志，三是作为品质生活的象征（图 5-67）。

图 5-67　宇通雍和旗舰版房车卫生间

5.4　宇通 C 型皮卡房车

宇通 C 型皮卡房车独特的设计风格和高端的内部配置让人们可以在旅行中享受到更加自由、舒适的生活体验。同时，这款房车还代表了一种全新的生活方式和旅行方式，让人们可以更加深入地探索世界各地的文化和风景。

设计思路：宇通 C 型皮卡房车的设计灵感来

自科幻星舰造型元素,整个外饰设计轮廓分明,线条流畅,科技感和时尚感兼备,极具视觉冲击力。车身颜色选用蓝色和橙色这一对互补色,上半部分的蓝色调为主,下半部分以橙色调为主,视觉上既亮眼又和谐。这种颜色的搭配不仅让人眼前一亮,而且寓意着探索未知、勇往直前的精神(图5-68)。

图 5-68　宇通 C 型皮卡房车展示

遮阳棚:车身侧面自带可折叠手动遮阳棚,完全展开后可以满足房车户外露营的娱乐、品茶、聊天、烹饪等各种相关功能。

内饰色调:宇通皮卡房车内饰的整体色调以浅色为主,主要是白色和灰色调为主,搭配部分皮质的橙色条状装饰,和车身色调相呼应,同时也可以增添运动气氛。色调的搭配和车内的设计体现出简洁明快的现代风,使人产生家的感觉(图5-69)。

图 5-69　宇通 C 型皮卡房车内饰色调

车内照明:车内照明主要是小射灯加上隐藏式的灯带设计,暖黄色的灯光让内饰多了点暖色调,营造出温馨舒适的家装氛围。

车内座椅:车内座椅采用一体式长椅的形式,在餐桌部分设计两个对向坐的长椅,营造出旅行的氛围。座椅的色调也是两种灰色调相搭配,与座椅周围的浅色墙壁区分,形成视觉上的反差。座椅靠垫部分选用织物材料,更加柔软舒适(图5-70)。

图 5-70　宇通 C 型皮卡房车车内座椅

内饰墙面:在内饰的墙面上,设计师用橙色的皮质材料设计出条形纹理,贯穿整个内饰。橙色调属于暖色调,用在全是灰白冷色调的内饰中更亮眼,也中和了灰白色调的清冷感。同时,橙色调也代表运动、青春、活力,让整个内饰色彩更丰富、更富有激情。

柜体和隔断:内饰所有的柜体和隔断设计基本上都选用浅色木材,这类木材具有重量轻、强重比高、弹性好、耐冲击、纹理色调丰富美观、加工容易等优点。木材属于天然材料,相比其他人工合成材料,无毒无害,绿色环保,更能拉近用户与自然的距离(图5-71)。

床铺和窗户:在休息区配置高回弹海绵床垫,可以提升休息区的舒适度。床铺周围采用机

图5-71　宇通C型皮卡房车柜体和隔断

图5-73　宇通C型皮卡房车洗漱台

织绒布材料全方位包裹,既能防止磕碰,又能营造出舒适的休息环境。休息区的位置相对狭小,在床铺的侧面和顶部都设有推拉窗,可以增加休息区的透气性,减少压抑感(图5-72)。

图5-74　宇通C型皮卡房车卫生间

图5-72　宇通C型皮卡房车床铺和窗户

洗漱台：这款车为了满足做饭的功能需求,在外饰部分设置了可以做饭的功能平台,并且在车内也设置了可以洗菜的洗漱台(图5-73),以满足日常的洗漱需求。洗漱台的材质选择白色调的岩板材质。岩板材质表面光滑防水,方便清理,视觉效果相比大理石材质更加丰富,能够给人以原生态的感觉。

卫生间：卫生间的设计主要选用白色调,整体色调干净清爽,材质选用陶瓷和塑料(图5-74)。陶瓷的表面非常光洁、耐磨、物

理性质稳定、耐酸碱、抗腐蚀、不会变色脱色,也方便清洁,但也有缺陷,如陶瓷材料比较重、易碎、抗击打能力弱。塑料的耐酸、耐腐蚀性能不如陶瓷强,但韧性好,不易碎,适合代替陶瓷用在容易受到磕碰的物品上。因此,陶瓷和塑料材质各有所长,只有结合使用才能保证卫生间具有较长的使用寿命和方便舒适的使用体验。

车内地板：车内地板采用灰色地板革(图5-75)。地板革材料作为地板在车内使用的情况并不少见,其相对木地板而言价格优惠,性价比高,因为地板革是防水、耐水的,所以清洗起来特别方便,直接用水擦洗即可。同时,地板革拥有丰富的图案和颜色,可以给不同的用户提供不同的选择。而且,地板革安装起来也非常方便,是一种性价比非常高的地板材料。

图 5-75　宇通 C 型皮卡房车车内地板

思考题

(1) 汽车色彩与面料设计的常用材料有哪些?
(2) 露营主题的色彩与面料设计主要特征是什么?
(3) 汽车色彩面料设计在汽车后市场的作用是什么?
(4) 人物角色创建有哪些步骤?
(5) 汽车色彩与面料的趋势有哪些?

实践题

选择某汽车品牌,调研该品牌基因,根据车型与设计主题进行外饰和内饰汽车色彩与面料设计,完成一个完整的项目。